D1995027

WANDLER
VERLAG

Richard Gavin

Uraltes Holz
und andere Geschichten

Deutsch von Michael Siefener

Wandler Verlag

Deutsche Erstausgabe
Wandler Weird 05

Cover: Francisco De Goya *Hexensabbat*, 1798
Übersetzung: Michael Siefener
Lektorat: Michael Schmitt
Korrektur: Wandler Verlag
Layout/Satz: Eric Hantsch
Druck: TZ-Verlag und Druck GmbH, Roßdorf

ISBN: 978-3-948825-09-6

Wandler Verlag, Wendorf
www.Wandler-Verlag.com

Dieser Erzählungsband ist den Visionären der deutschen Literatur gewidmet, die mein Leben und meine Arbeit bereichert haben.
Für Goethe, die Gebrüder Grimm, Jeremias Gotthelf, Hermann Hesse, E. T. A. Hoffmann, Rainer Maria Rilke und Hanns Heinz Ewers.

Inhaltsverzeichnis

Uraltes Holz

So grauenvoll-furchtbar das Dämonisch-Göttliche dem Gemüte erscheinen kann, so lockend-reizvoll ist es gleichzeitig.

Und die Kreatur, die vor ihm erzittert in demütigstem Verzagen, hat immer zugleich den Antrieb, sich zu ihm hinzuwenden, ja, es irgendwie sich anzueignen.

Das Heilige – Rudolf Otto

Bestimmte Wunder sind den Eigensinnigen und den Verdammten vorbehalten. So, wie es in jedem Paradies eine Unterwelt und in jeder Großstadt ein Armenviertel gibt, besitzt auch das Wunderbare seine ungeliebten Verwandten.

Die meisten Menschen reisen durch diese Welt in dem vollkommenen Unwissen über die ungewöhnlichen Segnungen, die ihre Grenzen heimsuchen. Aber es gibt Individuen unter uns, die aufgrund einer Schuld des

Karmas oder einer eisigen Schicksalsfügung ein Leben führen, das hoffnungslos mit dieser angedeuteten Realität verwoben ist – mit dieser missgestalteten Ebene der Existenz, die unter der Haut des Körperlichen pocht und trommelt.

Diese verzerrte Ebene, diese Anderswelt, hinterlässt überall um uns herum Spuren ihrer selbst: das kalte Licht, das durch die eingeschlagenen Fensterscheiben eines verlassenen Hauses schimmert, das Kinderspielzeug, das apathisch auf dem brackigen, durch ein Schleusentor strömendes Wasser hoch und nieder hüpft, die klauenartigen Finger einer Marionettenhand, die sich aus einem Müllhaufen in einer Hintergasse gen Himmel strecken.

Die meisten Menschen sehen diese Hinweise nur als irrwitzig wahllose Vermählung zwischen dem unaussprechlich Schrecklichen und dem banal Langweiligen an – als bloße Zusammenballungen von Zufällen und Betrügereien. Jene, die mehr dem Aberglauben zuneigen, nehmen sie hingegen als böse Vorzeichen, als Hinweise auf Gedanken, die besser ungedacht bleiben. Aber für die Eigensinnigen und die Verdammten sind diese Mutationen ein Ruf, der an sie persönlich ergeht.

* * *

Obwohl sich Neil Keller nie als eigensinnigen Geist – und erst recht nicht als Verdammter – angesehen hatte, war er sich doch der Tatsache schmerzlich bewusst, dass sich seine Seele schon immer zu Sphären hingezogen gefühlt hatte, die seltsamer und ferner als der hohle Schall der Terra firma waren. Neils größtes Vergnügen war das Träumen, sowohl während des Schlafes, als auch im Verlauf seiner täglichen Routine. Und wann immer seine Phantasie nicht in der Lage war, die Visionen so schnell heraufzubeschwören, wie sein unersättliches Verlangen sie benötigte, stahl Neil die Träume der anderen, indem er phantastische Literatur las.

Doch in dieser besonderen Nacht musste Neil nicht auf die vergilbenden Seiten seiner Romane starren, damit ihm eine exotische Erfahrung zu Teil wurde. Dies bewirkte der Schlaf für ihn, indem er ihm einen Traum sandte – einen Traum, der mit dem Bild eines verrotteten Kinderwagens in einem Gully begann.

Neil wurde sich bewusst, dass er träumte, als er feststellte, dass er über ein Feld voller Unrat auf ein seltsames Gewirr aus Zementtunneln zu stapfte. Zuerst hielt er diese graue Konstruktion irrtümlich für eine

Unterführung, aber sein Traum selbst erkannte sie bald als eine Gruppe unmöglich gewaltiger Gullys. Neil bewegte sich näher an das Labyrinth der steinernen Schlünde heran, die sich zu dehnen schienen, damit sie ihn einlassen konnten. Über alles fuhr ein leises Zischen; eine Art von falschem, weißen Rauschen. Neil vermutete, dass der Laut nur von dem überschüssigen Regenwasser herrührte, das durch die mächtigen Rohre floss.

Doch trotz dieser Theorie zögerte er einzutreten.

Das leise Quietschen von Metall, das nach Öl schrie, fuhr durch das statische Zischen des Wassers. Es war ein mechanischer Laut, aber als Neil dastand und lauschte, bemerkte er unwillkürlich, wie ähnlich dieser Laut dem Jammern eines geschundenen Tieres war.

Sofort wurden die Tunnel zu einer Quelle trauervoller Gefühle. Neil spürte den Verlust von etwas, das er zuvor nie gekannt hatte. Es war eine Trauer ohne Mittelpunkt. Es gab kein tragisches Ereignis, auf das er sich hätte konzentrieren können, sondern nur eine Welle des Kummers, die sich genauso mächtig bewegte, wie das unsichtbare Wasser in den Gullys. Neil befürchtete, er könnte durch den Sog hineingezogen werden.

Das quiekende Ding schaukelte langsam in sein

Blickfeld. Es war ein Kinderwagen, zerbeult und schmutzig. Der königsblaue Stoff des Verdecks war zerfetzt und verschlammt. Eines der Räder fehlte. Der Rahmen war verbogen und zerbrochen; er war nicht mehr, als ein hässliches Skelett aus mattgrauem Metall, überzogen von Rost. Der unbemannte Wagen hielt an, aber die quietschenden Geräusche waren noch immer zu hören.

Sie klangen nicht mehr so metallisch wie vorhin, sondern wurden zum schrillen Kreischen eines Kindes, das soeben aus dem Mutterleib gekrochen war. Eine rohe, brennende Angst senkte sich auf Neil nieder.

Das Schreien des Kindes verschmolz mit dem Zischen der Gullys. Dieser Laut wurde immer schriller, bis der Tunnel von einem Chor der Schmerzen erfüllt war.

Neil versuchte zurückzuweichen, aber sein Traumkörper schien das genaue Gegenteil tun zu wollen. Er umrundete den Kinderwagen und kam so nahe an ihn heran, dass er die grellfarbene Decke sah, mit der das Innere ausgepolstert war.

Was auch immer in dieser Decke eingewickelt dalag, zuckte und hüpfte.

Die Schreie klangen nicht mehr so rasend, und Neil fragte sich, ob es seine Gegenwart war, die das Kind beruhigt hatte. Er streckte die Hand aus und wollte die Decke vom Gesicht des Kindes nehmen, als ihm plötzlich ein scharfer, sengender Schmerz durch die Beine fuhr. Ein harscher, schmetternder Lärm ertönte vor ihm. Er musste auf dem von Unrat übersäten Boden gestolpert sein.

Beschämt stellte Neil fest, dass er nach vorn gestürzt war und dabei den Kinderwagen umgekippt hatte. Die farbenfrohe Decke war wie Erbrochenes auf den Boden des Gullys gefallen – ein Tümpel in Technicolor, der einen starken Kontrast zur Farblosigkeit der Abwasserrinne bildete.

Erleichtert sah er, dass das Kind noch zuckte, aber er war erstaunt, dass der Schock des Sturzes es nicht zum Weinen gebracht hatte. Der helle Klumpen schien zu wispern.

Und dann bewegte er sich.

Wie ein geschmeidiger Teufelsrochen glitt die Decke mit dem lebenden Ding, das sie enthielt, über das unebene Gelände. Sie floss auf Neil zu und erstarrte vor seinen Füßen.

Bevor er wirklich wusste, was er tat, hockte sich Neil nieder und teilte den stinkenden Stoff, weil er sich davon überzeugen wollte, dass das, was in ihm eingewickelt war, unverletzt geblieben war.

Ein geschickt ausgelegtes Schattenband verbarg die Erhebung in der Decke, aber er fühlte, dass die kräftige Brust des Kindes ohne Herzschlag war. Eiseskälte breitete sich in Neils Innerem aus. Er beugte sich vor und wollte den Kuss des Lebens spenden.

Das herzlose kleine Ding ergriff die Gelegenheit, warf die Decke hoch und wand sie fest um Neils Gesicht. Der stinkende Stoff spannte sich über Mund und Nase, machte ihn zur Mumie und fing seinen Panikatem ein. Neil versuchte zu schreien, wurde aber durch die Decke daran gehindert, die sich nun durch seine Kehle zu stehlen schien. Ein winziges Paar Hände (viel zu stark und fest für ihr zartes Alter) drückte von beiden Seiten gegen seinen Kopf. Neil spürte, wie das Leben aus ihm abfloss ...

Der Schrei, den Neil ausstieß, als er in seinem Bett auffuhr, war heiser und mädchenhaft. Gierig schluckte er die abgestandene Luft des verdunkelten Schlafzimmers.

Das Laken hatte sich um seine linke Schulter gewickelt und saß fest wie ein Druckverband. Neil riss es von sich, als ob es beschmutzt wäre. Verwirrt und noch immer vom Schlaf benommen, griff er, auf der Suche nach Trost, blindlings hinüber zu Kates Seite des Bettes.

Die Matratze war leer und kühl.

Vermutlich war Kate schon vor einigen Stunden aufgestanden und hatte sich zum Sofa im Wohnzimmer begeben. Das war einer der kleinen Kniffe, derer sie sich bediente, wann immer sie mit einem noch nicht beigelegten Streit zu Bett gegangen waren. Wenn Kate zu müde war, um quer durch die Stadt zu ihrer eigenen Wohnung zu fahren, kroch sie einfach irgendwann davon und machte es sich auf dem dick gepolsterten Sofa in Neils Wohnzimmer bequem. Es war weit genug von ihm entfernt, aber auch wiederum so nah, dass sie die morgendlichen Entschuldigungen ihres Geliebten genussvoll entgegennehmen konnte.

Neil stemmte sich aus dem Bett, schlurfte den Korridor entlang und murmelte dabei Kates Namen. Er fand das Sofa leer vor. Seine Besorgnis stieg, als er entdeckte, dass sie kein warmes Bad nahm und auch nicht in der Küche das Frühstück zubereitete. Ein kurzes Nachsehen in Hinterhof und Arbeitszimmer erwies sich als gleichermaßen ergebnislos.

In seinem Zustand der Verwirrung und Sorge dauerte es eine Weile, bis Neil bemerkte, dass einige Gegenstände verschwunden waren. Erst als er das Haus nach einer erklärenden Botschaft absuchte, erkannte er, dass er wohl beraubt worden war.

Panik packte ihn.

Plötzlich überkamen ihn abscheuliche Visionen dessen, was mit Kate geschehen sein mochte, während er in segensreicher Ahnungslosigkeit geschlafen hatte. Diese Geister der Schuld verbanden sich mit dem tiefsitzenden Grauen, das Neil noch immer angesichts seiner bösen Traumbilder empfand.

Er begab sich ins Badezimmer, und dort sah er es: eine kleine Notiz, die an das Medizinschränkchen geklebt war. Das goldrutenfarbene Quadrat trug vier Wörter in schwarzer Tinte:

Wir sind fertig miteinander!

Natürlich erkannte Neil die Handschrift. Er zog die Notiz von dem Spiegel des Schränkchens ab, zerknüllte sie und warf sie in die Toilette.

Er rannte zurück zum Wohnzimmer und schleuderte zahllose Schimpfworte mit der ganzen Reife eines verdorbenen Kindes durch den Raum. Dann betrat er das Arbeitszimmer, und seine Blicke fielen sofort auf die vielen neuen Lücken in den Bücherschränken. Es war gewiss Kate gewesen, die die Bücher aus ihrer gemeinsamen Bibliothek entwendet hatte, bevor sie gegangen war – weitere Opfer dessen, was Neil zunächst als Einbruch angesehen hatte. Wenn er es sich genau überlegte, hatte alles, was aus dem Haus verschwunden war, ihr gehört. Kleine Dinge: ihre Bücher, ihre Toilettenartikel, die wenigen Kleider, die sie zum Wechseln in seinem Schrank untergebracht hatte.

Am meisten ärgerte sich Neil über die fehlenden Bücher. Der Anblick seiner eigenen Bände, die sich in dem Versuch, die Lücken zu füllen, schräg gegeneinander lehnten, war bedrückend. Obwohl er noch nicht dafür bereit gewesen war, dass Kate bei ihm einzog, war er doch der Meinung gewesen, die Zusammenführung ihrer Bücher sei eine verbindende Erfahrung und ein Zeichen von Stabilität. Er sank in seinen Lesesessel.

Auch wenn er sich über das Eingeständnis schämte, musste er doch zugeben, dass ihn der unordentliche Zustand seiner Büchersammlung verärgerte. Bestimmt hatte Kate die Symmetrie der Bibliothek absichtlich zerstört.

Sie hatte ihn mit ihren Taten zweifellos ärgern wollen.

Seit sie zusammen waren, hatte Kate Neils Hang zum Eskapismus verurteilt. Eines von Neils liebsten Ritualen, das er öfter durchgeführt hatte, als er es hätte tun sollen, nannte er „Proust-Wochenenden.“ Neil hatte sie während seines ersten Jahres an der Universität für sich ersonnen, nachdem er gezwungen gewesen war, *In Swanns Welt* zu lesen.

Während der Arbeit an seinem Aufsatz über den dekadenten Autor des Werks, hatte er erfahren, dass Marcel Proust den größten Teil der ausufernden Romane, die *Auf der Suche nach der verlorenen Zeit* bildeten, im Bett geschrieben hatte, während die Fensterläden in seiner hermetisch abgeschotteten Wohnung vorgelegt waren.

Die Vorstellung, sich von der Außenwelt abzusondern und ganz der Erforschung seiner Tagträume hinzugeben, hatte bei Neil einen Nerv getroffen. Von jenem Tag an, hatte er sich regelmäßig Proust-Wochenenden gegönnt; es waren jeweils zwei Tage, an denen Neil nur selten die Bequemlichkeit seines Bettes verließ. Bei vollkommener Gesundheit verbrachte er das Wochenende hingestreckt unter den Laken; er las, aß reiche Mahlzeiten, rauchte Haschisch in seiner Mahagoni-Pfeife, schlief und las weiter. Er hatte versucht, Kate an seinen zeitverlorenen Wochenenden teilhaben zu lassen, doch sie hatte das Ganze als klaustrophobisch und sinnlos empfunden. Sie liebte Literatur, benutzte sie aber nur als Inspirationsquelle, bevor sie nach draußen ging und sich in der Welt versenkte. Für gewöhnlich hielt sie es nur bis zum Samstagnachmittag aus, bevor sie die Bettdecken frustriert zurückwarf und verkündete, dass sie jetzt einen langen Spaziergang unternehmen würde.

Eine flüchtige Hoffnung erblühte in Neil, als er sich vorstellte, dass Kate auch an diesem Morgen lediglich einen langen Spaziergang machte. Vielleicht hatte sie die Notiz in großer Eile hinterlassen und befand sich schon auf dem Rückweg, weil sie sich mit ihm aussöhnen und den bevorstehenden Urlaub gemeinsam mit ihm verbringen wollte.

Ein kleiner Stapel aus Taschenbüchern türmte sich auf einem Tisch in der Mitte des Arbeitszimmers; es handelte sich um seinen Lesestoff für die geplante Urlaubswoche. Sicherlich würde Kate ihm nichts nachtragen, denn schließlich hatte er einen, wie er fand, außerordentlich hohen Preis für das gemeinsame Ferienhaus im Norden bezahlt. *Natürlich* würde sie anrufen oder zurückkommen. Die Kate, die er kannte, würde die Lage niemals so sehr in der Schwebe lassen.

Neil machte sich daran, ein Frühstück für zwei zuzubereiten. Gegen Mittag hatte sich sein Vertrauen darauf, dass sie gleich wieder hier sein würde, in brodelnde

Wut verwandelt. Inzwischen war er davon überzeugt, dass Kate ihm eine himmelschreiende Missachtung erwies; was sie gerade tat, war bösartig. Neil starrte sein Gepäck (das wie ein Mahnmal ihrer verdorbenen Reise neben der Tür stand) länger an, als er es hätte tun sollen. Er knabberte an einer Scheibe Toast herum und trank den letzten Kaffee zusammen mit dem Bodensatz aus seiner Tasse. Er ordnete seine Bücherschränke, er duschte, er rasierte sich – all dies erledigte er, bevor er endlich dem nagenden Verlangen nachgab, sie anzurufen.

Er erwischte nur den Anrufbeantworter und befolgte zögerlich Kates Anweisung, eine Nachricht zu hinterlassen.

„Hallo, Kate? Ich bin's. Ich frage mich bloß, wo du steckst. Bitte ruf mich an. Es ist jetzt schon nach Mittag, und ich muss wissen, wie es mit unserem Urlaub in dieser Woche aussieht. Wenn du so freundlich wärest, mich anzurufen und auf den neuesten Stand zu bringen, würde mich das sehr freuen. Tschüss."

Alle vier folgenden Versuche, sie zu erreichen, endeten mit Kates blechern klingender automatischer Ansage. Neil stellte sich vor, wie sie sich über ihr Handy beugte und mit jedem verzweifelten Anruf, den sie erhielt, fröhlicher wurde. In der Annahme, dass Gehässigkeit die Lösung des Tages war, beschloss Neil, den hohen Thron der Höflichkeit zu verlassen, auf dem er seiner Meinung nach bis jetzt gesessen hatte.

Eilig schloss er das Haus ab, warf die Reisetaschen in den Kofferraum seines Wagens und fuhr davon.

Es verging fast die ganze dreistündige Reise, bis Neil sich endlich etwas ausgeglichener fühlte. Den größten Teil der Fahrt hatte er in einem Schleier aus Schuldgefühlen, Wut und Enttäuschung verbracht. Überrascht stellte er fest, dass er Sehnsucht nach einem Urlaub verspürte, der noch nicht stattgefunden hatte und aller Wahrscheinlichkeit nach nie stattfinden würde, zumindest nicht so, wie er es wollte: nach einem Urlaub mit Kate.

Er hielt bei einem Autohof an der ländlichen zweispurigen Straße an, über die er schon den ganzen Nachmittag fuhr. Er tankte den Wagen auf, dann begab er sich nach drinnen und kaute im Café auf einem knorpeligen Hamburger herum. Nach seiner „Mahlzeit" nutzte Neil die Gelegenheit, in dem kleinen Supermarkt neben der Tankstelle seine Vorräte an Nahrungsmitteln und Toilettenartikeln aufzufüllen.

Auf dem Rückweg zum Auto holte er sein Handy

hervor und wählte. Das Ferngespräch war teuer, aber es lohnte sich, denn die Automatenstimme teilte Neil mit, er habe drei neue Sprachnachrichten.

Er hielt den Atem an, während die Maschine jede einzelne abspielte. Die erste stammte von Geoff Leeds, einem erst kürzlich eingestellten Vorgesetzten in Neils Büro, der in Panik nach einer fehlenden Kundenakte fragte. Die zweite kam ebenfalls von Geoff, der diesmal vor Erleichterung überquoll, während er Neil darüber informierte, dass die fehlende Akte gefunden worden war. Er schloss damit, Neil einen wunderschönen Urlaub zu wünschen. Bei der dritten und letzten Botschaft handelte es sich um die automatisierte Ankündigung einer örtlichen Teppichreinigungsfirma, die ihre Preise gesenkt hatte.

Neil steckte das Handy zurück in die Hosentasche. Er fühlte sich zerknittert und unglaublich klein.

Die Abenddämmerung verdeckte allmählich die Berge und die baumgespickten Täler der Umgebung. Der ausgedehnte Wald zu beiden Seiten der Schnellstraße wirkte wie von einer dünnen Gazeschicht verdeckt, als der Nebel aus den nahen Tümpeln und Seen herbeitrieb. Neil stieg wieder in den Wagen und begann mit dem letzten Abschnitt seiner langen, einsamen Reise.

* * *

Der Ort Hawthorn Hill war noch kleiner, als Neil es erwartet hatte. Die Häuser und Hütten sprenkelten die Seiten der Hauptstraße, die sich durch das stark belaubte Dorf schlängelte. Die Gassen und Nebenstraßen waren ungepflastert; niemand schien an ihnen zu wohnen. Die Anlage von Hawthorn Hill erinnerte Neil an eine überdimensionierte Sackgasse; der Ort war wie eine Schlange, die sich selbst in den Schwanz biss.

Jedes Haus wirkte gemütlich, wenn auch ein wenig süßlich mit den traditionellen Farbmustern und all den fröhlichen Verzierungen, wie zum Beispiel hölzernen Vögeln, die nickten, wenn der Wind gegen sie traf, oder Blumengirlanden, die Schilder mit der Bitte um Gottes Segen umrankten. Die Grundstücke, auf denen die Häuser standen, waren von durchschnittlicher Größe, aber Neil war so an die klaustrophobische Enge der Stadt gewöhnt, dass er diese Anwesen neidisch betrachtete.

Das vollkommene Fehlen von Straßenlaternen machte es schwierig, die Hausnummern zu erkennen, aber schließlich fand Neil das Haus mit der Nummer siebzehn auf der Spitze eines Hügels.

Nummer siebzehn war identisch mit all den anderen Ferienhäusern, welche die Hauptstraße säumten. Der einzige Unterschied zu ihnen bestand (zumindest für Neil) darin, dass sein vorübergehendes Heim weiß angestrichen war, während die anderen Häuser grellere Farben wie Blau, Gelb oder Rosa aufwiesen.

Neil befolgte die Anweisungen, die ihm der Vermieter vor ein paar Wochen am Telefon gegeben hatte. Er fand den Schlüssel und sein Exemplar des Mietvertrages (so schnell wie möglich zu unterschreiben und beim Haus des Vermieters hinter der Straßenbiegung abzugeben) in einem großen Umschlag im Briefkasten des Ferienhauses.

Neil empfand dieses ländliche Vertrauen als ein wenig beunruhigend. Er steckte den Schlüssel in das Schlüsselloch des etwas wackeligen Türknaufs und öffnete die Vordertür.

Die, vor die Fenster gelegten, Läden machten das Innere des Hauses zu einem kubusförmigen Abgrund, aber Neil war so müde, dass er keine Kraft mehr hatte, Furchtsamkeit vorzuschützen. Er schritt über die Fußmatte, deren Aufschrift teils abgetreten war:

TR____S __IM
GLÜCK ALLEIN
Glück.
Allein.

Neil fuhr mit der Hand an der Tapete des Wohnzimmers entlang und tastete nach einem Lichtschalter. Er fand einen, aber offenbar war die Sicherung abgeschaltet. Die Luft in dem Wohnzimmer war erstickend moderig und roch wie feuchtes Fell.

Die Schwärze erweckte in Neil das Bild einer versiegelten Gruft oder einer Festung. Er war beinahe enttäuscht, als er feststellte, dass diese Schwärze nicht vollkommen war. Das Schlafzimmer im hinteren Teil, das die gesamte Länge des Hauses einnahm, war vom Wohnzimmer durch große Fenster abgetrennt, und durch eines von ihnen leuchtete der blau-graue Mond.

Wie eine Motte, die von einer Flamme angezogen wird, eilte Neil durch das Wohnzimmer und stieß dabei mit dem Schienbein gegen die Kante eines verdeckten Kaffeetischchens. Er presste eine lange Reihe von Flüchen durch seine zusammengebissenen Zähne, warf die zweiflügelige Glastür auf und humpelte ins Schlafzimmer.

Eine Brise feuchter Nachtluft überspülte ihn; und

sofort schaute er in die Richtung, aus der sie gekommen war. Von einem der Schlafzimmerfenster war nicht nur der Laden entfernt, sondern es war sogar geöffnet worden. Sofort fühlte sich Neil angegriffen und von der Vorstellung gedemütigt, dass ein zweites Heim innerhalb eines Tages ausgeraubt worden sei. Aber natürlich hatte er keine Ahnung, ob aus dieser Hütte etwas gestohlen worden war. Es ähnelte eher dem „Einbruch", den er heute Morgen erlebt hatte; die Zeichen des Eindringens waren so zart und ordentlich, dass es sich kaum um einen echten Einbruch handeln konnte.

Das Doppelbett stand genau in der Mitte eines Teichs aus Mondlicht, als ob ein Scheinwerfer auf es gerichtet wäre. Noch verwirrender als das offene Fenster mit den flatternden Spitzengardinen war der Kreis aus Gegenständen, der mit großer Sorgfalt auf der geblümten Tagesdecke gebildet worden war.

Eselsohrige Fotographien, dicke Parfumflacons, ein Haustürschlüssel, ein Stapel Briefe, die mit Wurstgarn zusammengebunden waren, ein Bund getrockneter Lilien – diese wahllos zusammengelegten Gegenstände schufen einen ovalen Rahmen, der so groß war, dass ein Erwachsener in ihm liegen konnte, wie Neil erkannte. Er senkte die Hand und berührte die Decke innerhalb des Ovals. Sie fühlte sich warm an. Neil wich zurück.

Er wusste nicht recht, was er nun tun sollte, und so bewegte er sich systematisch durch den Rest des Hauses, nahm dabei jeden Laden von den Fenstern und öffnete sie.

Der Sicherungskasten befand sich neben dem uralten Kühlschrank in der Küche. Neil legte den Schalter um, und der aufrechtstehende Elfenbein-Sarg begann zu brummen. Er schaltete alle Deckenlampen ein und begutachtete seine Unterkunft genauer.

Die Räume waren kleiner, als Neil erwartet hatte. Alle Sitzmöbel schienen mit dem gleichen Blumenmuster bespannt zu sein, welches auch die Decke im Schlafzimmer aufwies, aber insgesamt betrachtet, würde Neil es hier gewiss aushalten können. Nun war er wieder recht ruhig und überzeugt davon, dass hier nicht eingebrochen worden war und die Gegenstände auf dem Bett entweder dem vorherigen Mieter oder zum Haus gehörten. Vielleicht hatte jemand sie auf dem Bett abgelegt, als er einen der Schränke oder eines der Regale abgestaubt hatte, und danach nicht wieder zurückgestellt. Und die Wärme der Matratze hatte natürlich nur von Neils eigener Hand hergerührt.

Neil trat in das Badezimmer.

Als er die Notiz sah, die an dem verspiegelten Medizinschränkchen klebte, wurde ihm jedoch ein wenig schwindlig. War Kate den langen Weg bis hierher gefahren, nur, um ihn weiter zu verspotten? Die Notiz enthielt die Anweisungen des Vermieters zum Anstellen von Strom und Wasser. Neil folgte der zweiten Anweisung und putzte sich die Überreste des Hamburgers aus den Zähnen.

Nachdem er ausgepackt und die Dinge von dem Doppelbett geräumt hatte (jetzt kam er sich lächerlich vor, weil er ein solches Bett verlangt hatte), drückte eine schwere Erschöpfung auf ihn nieder. Er fühlte sich, als hätte er seit Tagen nicht mehr geschlafen, und er hatte kaum mehr die Kraft, sich zu entkleiden und zwischen die Laken zu schlüpfen.

Das Innere seines Schädels prickelte in Erwartung des Schlafes. Neil folgte den weißen Straßenbändern, die an seinen geschlossenen Lidern vorbeiführten, bis alles dunkel wurde.

* * *

Das Zwitschern von Schwalben weckte Neil viel früher, als es ihm lieb war. Sein Handy zeigte 6.19 Uhr an, und obwohl das Bett bequem war, wusste Neil, dass er nicht wieder einschlafen würde. Er legte das Handy zurück auf das Nachttischchen und bemerkte zum ersten Mal, dass neben den Fotos und Parfumflacons ein weiteres Objekt für ihn in diesem Haus zurückgelassen worden war. Es handelte sich um ein dünnes Taschenbuch. Neils Bücherliebe brachte ihn sofort dazu, sich den Band vor die Augen zu halten. Er hatte so etwas wie eine Reader's Digest-Version der Gideon-Bibel erwartet und stellte daher amüsiert fest, dass der Titel des Buches *Ein Wanderführer für Hawthorn Hill* lautete. Der Umschlag war mit einer groben Bleistift-Illustration bedeckt. Desinteressiert legte er das Buch beiseite.

Er versuchte zu widerstehen, konnte es aber nicht vermeiden, dass sich die Ereignisse des vergangenen Tages in seinem Kopf erneut abspielten. Diesmal jedoch verband er sie mit neurotischen Phantasien darüber, wie Kate die letzte Nacht in der Stadt verbracht haben mochte.

Neil stand auf und zog sich an. Seine kleine Freude auf eine Tasse arabischer Mischung wurde erstickt, als er entdeckte, dass es in der Küche keinen Kaffeebereiter gab. Er schmollte eine Weile, überwand diese Stimmung aber, indem er sich schwor, er werde nicht zulassen, dass diese Woche in einen Marathon von Selbstmitleid und Jammern ausartete.

Ihm fiel keine bessere Methode ein, endlich ein neues Blatt in seinem kleinen Leben aufzuschlagen, als einen Spaziergang durch die üppigen Wälder von Hawthorn Hill zu unternehmen. Ein Fußmarsch brachte stets Klarheit in seine Gedanken und führte ihn zu sich selbst zurück, was der Grund dafür war, dass er nach einer langen Leseperiode gern eine ausgedehnte Wanderung unternahm. Literatur löste ihn stets ein wenig von der Welt, und deshalb tat es gut, im offenen Gelände zu ihr zurückzufinden.

Neil zog seine Wanderschuhe an, nahm einen Pullover und eine Wasserflasche mit und trat hinaus in den idyllischen Junimorgen.

Einer der vielen Pfade, die in den Wald führten, schlängelte sich am Rande von Neils Hinterhof vorbei. Dieser Pfad war wie eine persönliche Einladung für ihn; zumindest sagte sich Neil das, während er ihn betrat und bergan ging.

Der Weg war nicht besonders steil, aber allmählich musste Neil feststellen, dass er schneller erschöpfte, als ihm lieb war. Seine Lunge fühlte sich rau vom allzu schweren Atmen an, und der Schweißüberzug auf seiner

Haut kühlte ihn viel zu sehr ab. Neil beschloss, dass er genug hatte; er blieb stehen und ruhte sich kurz aus, bevor er den Rückweg antrat.

Eine Gruppe von Felsen stand am Rande des Weges. Neil ließ sich auf einem von ihnen nieder und atmete tief durch. Die Luft fühlte sich merkwürdig dünn an, als ob er sich auf einem Berggipfel befände.

Nun war klar, woher das Dorf seinen Namen erhalten hatte, denn die dunklen, gewundenen Weißdornbüsche wuchsen an den unförmigen Hängen in jeder Spalte und auf jedem Flecken mit genügend Nährboden. Der Wald parfümierte die Luft mit dem schweren Geruch von alter, alter Erde. Es war nicht der saubere, belebende Duft, den man für gewöhnlich in ländlichen Gegenden fand, dieser war sehr drückend, wie der Gestank eines alten Sofas, das auf einem vernachlässigten Dachboden vor sich hin schimmelte.

Neil war mürrisch und fühlte sich seltsam verwundbar. Er stieß sich von dem Felsbrocken ab und machte sich auf den Heimweg.

Als er das strahlend weiße Augenpaar bemerkte, das ihn aus dem schattigen Gewirr eines Weißdornbusches anstarrte, beschlich Neil ein neues, ihm bisher völlig fremdes Gefühl, das weit jenseits des Üblich-Menschlichen in ihm knisterte und pochte. Als Neil in die kleinen und wachsamen Augen blickte, die in einem gleichermaßen kleinen Gesicht steckten, spürte er das unaussprechlich Allmächtige, das ihn mit dünnen Lichtspeeren überschüttete. Neil schmeckte auch die sauren Gifte der Hölle, die ihn in Urquellen schrecklichster Schönheit stürzten.

Die blassen Augen blinzelten; zumindest glaubte Neil das. Aber dann begriff er, dass es gar keine Augen waren, sondern Blumen, winzige weiße Blüten. Das „Blinzeln" ereignete sich immer dann, wenn die Morgenbrise die zarten Blätter kräuselte. Neil gab etwas von sich, das eine Mischung aus Seufzen und Lachen war. Es belustigte ihn insgeheim, wie schnell der eigene Verstand – egal ob er zu solchen Phantasien neigte oder nicht – die gewöhnliche Flora zu grinsenden Trollen umgestalten konnte.

Aber gewöhnliche Flora grinst nicht.

Weißdornzweige brachten kein Abbild eines animalischen Kindes hervor.

Denn das war es, was Neil sah – was er wirklich sah. Es war ein kleiner, kaum vier Zoll messender Fetisch. Das Weißdornholz, aus dem er geschnitzt war, wies viele Schattierungen und Färbungen auf, von rauchigem Grau bis zum dunklen Marmor eines Grabsteins. Die Gestalt war die eines Kindes – zumindest ähnelte sie einem Kind. Der Körper war klein, und auch wenn er die Zartheit eines Kindes übermittelte, war der Torso dürr und kränklich und glich eher dem Körper eines alten, sterbenden Menschen, als dem, eines fröhlichen Kleinkindes.

Und dann erkannte Neil, dass das Grinsen des Idols kein Ausdruck von Freude war – zumindest nicht in seinen Augen. Freude bedeutete Fröhlichkeit, Vergnügen und Unbekümmertheit. All das aber zeigte dieses Gesicht nicht; es war eher ... ekstatisch. Ein winziger Dorn stach zwischen den verkrümmten Lippen des Kindes hervor – eine spitze, schwarze Zunge, ein Ausdruck von Schelmerei und Spott.

Die Arme des Kindes waren zu dick für den schlecht ernährten, knochigen Torso, und der Umstand, dass die Hände (deren Finger in krallenartige Spitzen ausliefen) in einer Geste des Gebets zusammengepresst waren, machte das ganze Wesen noch hässlicher. Schlimmer jedoch war das, was Neil sah, als er der allzu menschlichen Versuchung nicht mehr widerstehen konnte, die Stelle zwischen den überkreuzten Beinen des Idols näher zu betrachten. Neil fand dort etwas, von dem er sich zu glauben zwang, es sei ein bloßer Knoten im Holz, denn die Vorstellung, dass sich das verschrumpelte Kind-Wesen selbst sodomisierte, war über jede

Vorstellungskraft hinaus obszön. Neils Verstand schien ein Tuch vor seine Gedanken zu ziehen, in der Hoffnung, ihn auf diese Weise von der Überlegung abzuhalten, warum ein Ding wie dieses jemals ins Dasein gebracht worden war.

Aber er sah das Ding deutlich, und es verschwand nicht. Er setzte sich und war zufrieden damit, es einfach nur anzustarren und den Blick der geschnitzten Kreatur in dem Busch zu erwidern.

Er verharrte in dieser Haltung, bis schließlich ein Geräusch seine Meditation unterbrach: der Klang von Grillen, die mit gemeinsamem Zirpen die Rückkehr der Nacht willkommen hießen. Neil fuhr herum und sah, wie Schatten den Wald befleckten. Kurz glaubte er, die Morgensonne sei noch nicht vollständig aufgegangen, weswegen der Wald so dunkel und feucht sei. Doch die Finsternis löste sich nicht auf; sie verdichtete sich vielmehr.

Als er das schmerzhafte Grollen seines leeren Magens spürte, erkannte Neil, wie schwach er sich fühlte, wie erschöpft, wie orientierungslos.

Zu dieser Jahreszeit setzte die Abenddämmerung für gewöhnlich gegen neun Uhr ein. Hatte er wirklich mehr als zwölf Stunden in stummer Betrachtung verbracht? Im Verlauf des Tages musste doch jemand an ihm vorbeigegangen oder wenigstens in seine Nähe gekommen sein. Sogar das Schaben von Tierklauen über Holz und Laub hätte seine Trance durchbrochen. Neil zitterte, und einen Augenblick später krümmte er sich und erbrach Galle aus der Leere seines Magens. Er fasste sich an die Stirn. Sie fühlte sich schrecklich heiß an, aber sein Innerstes war so kalt wie der Granitfelsen, von dem er sich abstützte.

„Ein Sonnenstich", dachte Neil, während er sich bebend aufrichtete.

Die Länge des Weges, der vor ihm lag, brachte ihn zum Jammern, aber es gab keine andere Möglichkeit als zurückzugehen. Er brauchte Schutz, vielleicht sogar medizinische Betreuung. Neil nahm sich vor, jeden, dem er begegnete, um Hilfe zu bitten, aber erst einmal war er auf sich allein gestellt.

Bevor er den ersten Schritt machte, spürte Neil jedoch, wie seine Hand plötzlich und instinktiv in die rasiermesserscharfen Ranken des Weißdornbusches griff. Seine Finger fanden das geduckte Idol. Die Gestalt lockerte sich mit einem scharfen Knacken und lag nun auf Neils Handfläche, von der aus sie ihn angrinste. Das schartige Ende eines Stängels hing vom Steiß des Idols herunter und bewies, dass es organisch aus den Zweigen des Busches hervor gewachsen war.

Neil hielt die Figur in festem Griff, während er ging, aber er dachte nicht über sie nach. Seine Gedanken waren zu sehr auf die Vision eines heißen Bades, eines weichen Bettes und anderer leiblicher Genüsse gerichtet. Panisch sog er die Luft ein, aber es schien sich nur wenig Sauerstoff in ihr zu befinden. Er hörte und sah niemanden sonst im Wald. Einmal rief er sogar nach Hilfe, aber die einzige Reaktion bestand in dem Flattern einer Vogelschar, die aus den Wipfeln der umstehenden Bäume aufstob.

Als die Rückwand seiner Hütte schließlich in der Ferne sichtbar wurde, schluchzte Neil leise. Er brannte und zuckte unkontrolliert.

Er taumelte durch die Vordertür, warf den Schlüssel und die Weißdornfigur auf den Küchentisch und griff nach den frischen Früchten, die er am Morgen bereitgelegt hatte. Der Geruch von Nahrungsmitteln verursachte ihm Übelkeit, aber er biss trotzdem in eine Orange. Dann holte er zwei Flaschen Wasser aus dem Kühlschrank und trank beide leer.

Er riss sich die schweißnasse Kleidung vom Leib und legte sich in ein dampfend heißes Bad, bis die Haut an seinen Fingern schrumpelig wurde. Darauf folgten zwei weitere Flaschen Wasser. Da er kein Aspirin in seinem Gepäck hatte, entschied sich Neil für ein natürliches

Heilmittel: Er kroch ins Bett und verlor sogleich das Bewusstsein. Tief und traumlos schlief er bis zum nächsten Nachmittag.

* * *

Trotz der Tatsache, dass sie den größten Teil der Nacht damit verbracht hatte, sich in einem Bett herumzuwerfen, das sich noch immer fremd anfühlte, war Kate peinlich berührt, dass sie bis ein Uhr am Nachmittag geschlafen hatte. Auch nach dem Duschen fühlte sie sich noch benommen, wodurch der Anblick des Tees, den Darren für sie aufgegossen hatte, umso willkommener war. Kate süßte ihn, bis er ein flüssiges Dessert war, bevor sie sich zu Darren ins Wohnzimmer begab.

Er saß auf dem Sofa und starrte die Zeitung an, die ausgebreitet vor ihm auf dem niedrigen Tisch lag. Kate erhaschte einen Blick auf eines der Fotos, das die Verwüstungen nach einem Selbstmordanschlag irgendwo im Nahen Osten zeigte. Auf dem Bild war jemand – Kate konnte nicht erkennen, ob es sich um einen Mann oder eine Frau handelte – zu sehen, dessen versengte Haut Blasen warf und so rot wie zerbröckelte Erde war. Die wenigen verbliebenen Haarbüschel bauschten sich um das im Schmerz verzerrte Gesicht; Zähne, die wie ein Ring aus Kalksteinen wirkten, rahmten den brunnenartigen Schlund des schreienden Mundes ein. Kate erzitterte und zog ihren Morgenmantel enger um sich.

„Es hat den Anschein, als ob die ganze Welt in die Hölle taumelt“, murmelte Darren in die Hand, die sein Kinn stützte.

„Jetzt erinnere ich mich wieder, warum ich nie die Zeitung lese“, erwiderte Kate. Sie ließ sich auf dem Kissen des Fenstersitzes nieder und schaute hinaus auf eine Gruppe von Kindern, die jenseits der Scheiben auf dem Bürgersteig spielten. Nach einer Weile sagte Kate: „Ich fühle mich schuldig, weil ich hier bin.“

Darren faltete die Zeitung zusammen. „Du tust nichts Falsches, Kate“, sagte er, ohne sie anzusehen.

„Ich hätte Neil nicht auf diese Weise verlassen dürfen. Ich hätte bei ihm bleiben und es zusammen mit ihm durchstehen sollen. Er hatte diesen Urlaub monatelang geplant, und ich musste es ruinieren.“

„Du hast gar nichts ruiniert. Jetzt magst du dich schuldig fühlen und vielleicht sogar ein wenig Angst haben, aber darüber vergisst du, wie schlecht es dir mit ihm ergangen ist. Glücklicherweise habe ich dieses Problem nicht. Du bist hergekommen, weil es ein Teil von dir offensichtlich so wollte. Das ist eine Tatsache, die du dir vielleicht noch nicht eingestehen kannst, aber es ist und bleibt trotzdem eine Tatsache. Habe Vertrauen, Kate. Bitte. Das, was du gerade durchmachst, erleidet fast jeder, der eine größere Veränderung in seinem Leben plant. Glaube mir, es geht vorbei."

Kate schaute in ihren dampfenden Becher und hoffte beinahe, die durchweichten Teeblätter hielten eine geheime Botschaft für sie bereit.

Darren stand auf und stellte sich neben den Fenstersitz. „Kate, wenn ich eines über dich weiß, dann ist es der Umstand, dass du zu viel nachdenkst. Es ist mir bewusst, dass genau das einer der Hauptvorwürfe ist, die du Neil machst, aber vielleicht verärgert dich sein stetiges Grübeln, weil es dich an dich selbst erinnert. Du steigerst dich in Dinge hinein, und das ist nicht gesund. Bitte sehe das nicht als Angriff an, denn so ist es nicht gemeint."

„Wirklich?"

„Wirklich. Ich will damit nur sagen, dass manche Menschen zu sehr über einen bestimmten Aspekt ihres Lebens nachdenken und dieser dann zu ihrem ganzen Leben wird. So werden aus Maulwurfshügeln Berge. Ich bin wirklich stolz auf dich, weil du letzte Nacht die lange Fahrt bis hierher gewagt hast. Das beweist, dass du nicht bereit bist, dich in das Thema Neil hineinzusteigern. Außerdem kannst du jetzt sowieso nichts mehr ändern. Vermutlich ist er schon zu diesem Ferienhaus gefahren. Warum also entspannst du dich nicht und wir machen uns einen Spaß daraus, für ein paar Tage durch die Stadt zu ziehen?"

Kate versuchte ein Lächeln zu unterdrücken, schaffte es aber nicht.

„Danke, mein Lieber", sagte sie.

* * *

Als Neil erwachte, fühlte er sich ein wenig kräftiger. Die Versuchung, den Tag im Bett zu verbringen, war groß, aber es gab einiges, was seiner Aufmerksamkeit bedurfte. Er überlegte, ob er ins Krankenhaus fahren sollte, damit ein Arzt ihn untersuchen konnte und er auf der sicheren Seite war. Außerdem musste der Mietvertrag unterschrieben und beim Vermieter abgegeben werden, und er brauchte Nahrungsmittel und allerlei anderes für die kommende Woche.

Als Neil das Wohnzimmer betrat, wurde er mit einem verblüffenden Anblick konfrontiert. Zuerst glaubte er, der rötliche Klumpen auf dem kleinen Teppich sei der Gummiball eines Kindes. Er näherte sich und sah, dass es ein verschrumpelter Apfel war, der vor dem steinernen Kamin verrottete. Neil kam der Gedanke, dass er das Haus vor seinem Einzug hätte reinigen sollen.

Er ging in die Küche. Offenbar hatte ihn das Drama des gestrigen Tages so erschüttert, dass er in dem kleinen Supermarkt halb verdorbene Früchte gekauft hatte, ohne es zu bemerken, denn auch die übrigen Äpfel, sowie die Bananen, waren verdorrt und stanken. Neil warf sie in den Abfalleimer.

Er schaute hinüber zu dem Idol. Es lag auf der Seite, so, wie er es gestern hier zurückgelassen hatte. Das beruhigte ihn ein wenig – aber bedeutete dieses Gefühl der Beruhigung nicht auch, dass ein kleiner Teil von ihm angenommen hatte, das Idol könnte sich während der Nacht aus eigener Kraft bewegt haben? Neil hob die Figur auf, warf sie in die Luft und fing sie wieder auf, was ihm ihre Schwere vergegenwärtigte, dann stellte er sie auf den kleinen Eichentisch im Wohnzimmer.

Nach einem behelfsmäßigen Frühstück aus einem Sandwich mit Erdnussbutter und einem Becher lauwarmen Wassers aus der Flasche, holte Neil den Mietvertrag und machte sich auf die frustrierende Suche nach dem gravierten Silberstift, den Kate ihm an seinem fünfunddreißigsten Geburtstag geschenkt hatte. Die

Suche kam zu einem Ende, als Neil bemerkte, dass er den Vertrag bereits unterzeichnet hatte, vermutlich in benommenem Zustand während der Nacht.

Er ging zu seinem Auto und fuhr zur Adresse des Vermieters.

* * *

Die Arbeit, die der Vermieter in sein eigenes Haus gesteckt hatte, musste beträchtlich gewesen sein, denn es wirkte wie das Idealbild eines Anwesens aus „Haus & Garten“. Ein sorgsam geschorener Rasen senkte sich bis hinunter zu der Kiesstraße. An gebogenen Doppelstangen aus Schmiedeeisen hingen hölzerne Kübel, in denen Pflanzen in psychedelischen Farben wucherten.

Das Haus dahinter war blau-grau. Seine Fenster glitzerten, und die gepflasterte Veranda erweckte den Anschein von frisch geschnitztem Elfenbein. Es war ein makelloses Heim, welches das Potenzial der anderen Häuser von Hawthorn Hill zeigte. Dieser Anblick spendete Neil einen seltsamen Trost, aber auch ein klein wenig Kummer. Seine Traurigkeit rührte nicht von einem konkreten Verlust her, sondern von der Erkenntnis, dass er sein ganzes Leben in einem Kokon verbracht hatte, der aus den Worten anderer Menschen bestand, und absichtlich blind gegen die natürliche Schönheit der Welt in ihr herumgegangen war. Dieses Haus schien von Menschen bewohnt und gepflegt zu werden, die tief im Leben der Erde verwurzelt waren und das beneidenswerte Gefühl hegten, hierher zu gehören – ein Gefühl, das Neil nie wirklich erfahren hatte.

Er zuckte zusammen, als eine Frau auf dem Rasen erschien. Die Plötzlichkeit ihres Auftritts hatte ihn erschreckt. (Später dachte Neil darüber nach, ob die Frau schon genauso lange auf dem Grundstück gestanden hatte wie er selbst, aber dieser Gedanke – der bewies, wie wenig er von der Welt um ihn herum wahrnahm – war beunruhigend und ein wenig bedrückend.) Sie stand auf einem schlammigen Grasfleck, der sich zwischen der Seite des Hauses und der sauber gestutzten Hecke erstreckte.

Es war eine ältere Frau, mindestens in den Sechzigern, und sie trug eine graue ausgebeulte Hose und, trotz der Feuchtigkeit, einen Pullover mit Zopfmuster. Auf ihrem kleinen Puppengesicht zeichnete sich ein so aufrichtiges Lächeln ab, dass Neil es einfach erwidern musste.

Sie bedeutete ihm, näher zu kommen. Neil gehorchte.

Als er vor ihr stand, bemerkte Neil, dass die Füße

der Frau in ausgefransten Pantoffeln steckten. Die Luft an der Seite des Hauses roch so erdig wie die Waldwege, die Neils Erinnerung heimsuchten; es war ein schwerer, mächtiger Duft. Neil sagte Hallo zu der Frau.

„Da ist Wasser“, erwiderte die Frau. Sie drehte sich um und ging auf den rückwärtigen Garten zu; bei einem Metalltisch auf einer kleinen Steinterrasse blieb sie stehen. Ein Sonnenschirm beschattete die Tischplatte und den einsamen Stuhl davor. Neil sah ein offenes Buch mit den Seiten nach unten auf dem Tisch liegen; daneben befanden sich ein Teller und ein halbvoller Plastikbecher mit Wasser. Die Frau stand mit in die Seiten gestemmten Armen da. Bot sie ihm wirklich einen Schluck aus dem Becher an, aus dem sie vorhin getrunken hatte? Neil dankte ihr und sagte, er sei gerade nicht durstig.

Es raschelte, und eine ruß graue, wohlgenährte Katze mit Luchsaugen kam aus der nahen Hecke hervor. Sie betrachtete den Garten, miaute und zischte, dann glitt sie in die Hecke zurück.

„Wie gefällt Ihnen denn unsere kleine Ecke der Welt, Mister ...“ Die Stimme der Frau klang beruhigend und so großmütterlich wie ihr Erscheinungsbild.

„Keller“, antwortete Neil. „Bitte nennen Sie mich

Neil; Mr. Keller war mein Vater. Hawthorn Hill ist recht hübsch, aber wenn ich ehrlich bin, hatte ich noch nicht die Gelegenheit, viel davon zu sehen."

„Gerade erst angekommen?"

„Gestern."

„Das reicht."

Neil war nicht sicher, ob seine Gastgeberin es beabsichtigt hatte, dass diese beiden Worte so unheilverkündend klangen. Ihr Gesicht war starr und undurchdringlich. Selbst die feuchten, taubenartigen Augen, die durch die Brillengläser schauten, enthüllten nichts über die Gedanken der Frau.

„L... leben Sie schon lange hier? Es tut mir leid, aber ich stelle gerade fest, dass ich Ihren Namen noch gar nicht kenne", sagte Neil mit einem Kichern, das so gekünstelt klang, um gutmütig zu wirken.

„Gwendolyn Freemont. Ich wurde hier geboren, Neil. Meinem Ehemann bin ich begegnet, als er zur Ausführung von Arbeiten im Dorf eingestellt wurde. Damals waren wir beide noch keine zwanzig Jahre alt. Er kam von der Ostküste, aus einer Familie von Fischern. Meine Verwandten waren natürlich allesamt Binnenländler."

„Also haben Sie Ihr ganzes Leben hier verbracht?"

„Ich bin nie anderswo gewesen, außer hin und wieder in der nächsten Stadt. Und darauf bin ich stolz. Ich glaube, es ist etwas ganz Besonderes an diesem Dorf. Es ist so leicht, sich hier niederzulassen. Vielleicht ein wenig zu leicht, wer weiß? Sind Sie ein Wanderer, Neil?"

„Ein wenig. Ich bin tatsächlich ... gewandert ... letzten Abend ... nein, gestern ..." Die Worte schienen sich ihm zu entziehen. Während die Sekunden verstrichen, hatte Neil das Gefühl, als ob seine Umgebung verblassen würde. Die Einzelheiten des Hofes lösten sich auf wie Zucker im Wasser, bis nur noch schwache Spuren übrig waren.

„Haben Sie das Buch als nützlich empfunden?", fragte Gwendolyn. Als sie Neils verwirrte Miene sah, hob sie ihr eigenes Exemplar von *Ein Wanderführer für Hawthorn Hill* auf, das mit den Seiten nach unten auf dem Tisch gelegen hatte.

„Oh, das", sagte Neil. „Nein; ich habe es in meinem Haus bemerkt, aber bisher nicht benutzt. Können Sie es empfehlen?"

„Ich bin ein wenig voreingenommen", sagte Mrs. Freemont mit einem schiefen Grinsen. Mit einem dünnen Finger zeigte sie auf ihren Namen, der den Umschlag zierte.

„Oh, oje! Ich kann nicht glauben, dass mir das entgangen ist.“ Neil spürte einen Stich der Verlegenheit.

„Fühlen Sie sich wohl, Mr. Keller?“

„Vielleicht brüte ich etwas aus. Seit meiner Ankunft fühle ich mich vollkommen erschöpft.“

„So geht es vielen Stadtbewohnern, wenn sie herkommen. Auf dem Land herrscht eine andere Geschwindigkeit, und das Leben läuft nach anderen Mustern ab. Manche Menschen spüren den Wandel stärker als andere.“

„Nun, dann vermute ich, dass ich einer der Feinfühligeren bin“, sagte Neil mit einem halben Grinsen.

„Das stimmt.“ Mrs. Freemonts Worte wirkten endgültig, wie in Stahl gegossen. „Sie sind allein hergekommen, nicht wahr?“, fragte sie.

Neil nickte. „Es war nicht so geplant, aber ...“ Er verstummte.

„Ihr Stadtleben ist in Scherben zersprungen, nicht wahr?“, fragte Mrs. Freemont. Dann ruderte sie zurück und sagte: „Aber das geht mich nichts an. Ich bitte um Entschuldigung.“

„Es ist schon in Ordnung“, sagte Neil, auch wenn er es nicht meinte. „Ja, ich glaube, es stimmt, wenn ich sage, dass ich gerade eine schwierige Phase durchmache.“

„Dann ist es gut, dass Sie hier sind. Dieser Ort ist genau der richtige dafür, das eigene Leben zu ordnen und neu zu beginnen."

Neil versuchte Mrs. Freemont den unterschriebenen Mietvertrag und den Scheck zu übergeben. Als sie die Papiere nicht entgegennahm, legte er sie auf den Tisch und beschwerte sie mit dem Wanderführer. Er war müde. Er dankte Gwendolyn (wofür, konnte Neil nicht recht sagen) und begab sich zurück zu seinem Wagen. Er spürte Mrs. Freemonts Blicke noch auf sich ruhen, als er bereits über die Kiesstraße zurück zu seiner Hütte fuhr.

* * *

Neil fühlte sich besser, nachdem er die Pasta mit Garnelen und den Bordeaux genossen hatte, die er im Ort gekauft hatte, aber seine gute Laune schwand wieder dahin, als er den Fehler beging, abermals seinen Anrufbeantworter abzuhören. Noch immer gab es keine Nachrichten von Kate. Neil griff sich eines der Taschenbücher, die er in dem Gemischtwarenladen gekauft hatte, und zog sich zum Lesen ins Wohnzimmer zurück.

Beim Anblick des Idols am Ende des Tisches empfand er einen heißen Stich der Panik in seinen Eingeweiden. Es war das erste Mal, dass er es ansah, seit er von seinen Besorgungen zurückgekehrt war. Die Figur saß in einer kleinen Lache, die Neil für Wasser hielt, aber als er sie berührte, musste er feststellen, dass die Flüssigkeit wie dickes Öl an den Fingerspitzen klebenblieb. Neil zuckte zusammen, als er die schleimartige Konsistenz bemerkte, und schnupperte an seinen Fingern. Sie verströmten den süßlichen Geruch von Blumen.

Was immer diese parfümierte Flüssigkeit sein mochte, sie hatte das Weißdornkind ruiniert. Die glatte Oberfläche der Figur war zu einem rauen Überzug mit einigen weißen Schimmelflecken vermodert. Er hatte beinahe Angst, sie anzufassen, aber er musste herausfinden, ob sich die Flecken abwischen ließen.

Das Idol löste sich in seiner Hand auf. Feuchter Brei troff zwischen Neils Fingern hindurch und fiel auf den Teppich, wo er wie Samenspritzer liegenblieb.

„Mist!“, rief Neil. Aus irgendeinem Grund entsetzte ihn der Klang seiner eigenen Stimme.

Er sammelte die Überreste des Idols ein und warf sie in den Abfalleimer. Sobald das erledigt war, fühlte sich Neil erleichtert. Sein Kopf war klarer als seit vielen Tagen. Das Fieber schien zu verebben.

Eine bequeme logische Erklärung für den Fetisch

kam ihm in den Sinn: Natürlich hatte sich die Groteske aus Weißdorn nicht auf natürliche Weise gebildet; jemand musste den Fetisch geschnitzt haben, ohne den Zweig vom Busch zu entfernen. Sobald Neil ihn abgebrochen hatte, war die Figur ihrer lebenswichtigen Nährstoffe beraubt worden. Wie jedes Element der Flora war sie daraufhin verwelkt und gestorben. Man brauchte kein Botaniker zu sein, um dieses Grundgesetz der Natur zu begreifen. Neil fragte sich, warum ihm diese Erklärung erst jetzt einfiel. Egal. Er nahm sein Taschenbuch mit ins Bett und beschloss, sich mit der spannenden Spionagegeschichte abzulenken. Gegen Mitternacht schlummerte er ein.

Irgendwann während seines Schlafs ertönte ein Donner, und eine große Finsternis legte sich über seine ruhelose Gestalt. Neils blinzelnde Augen wurden plötzlich bestürmt – zuerst von den hellen Strahlen der Mittagssonne, dann von dem schockierenden Anblick eines Fremden, der am Fuß seines Bettes stand.

Obwohl die Gestalt des Mannes klein und schmächtig und er krumm vor Alter war, jagte er Neil doch eine so große Angst ein, dass dieser die zerknüllten Bettlaken zurückwarf und sich zur Verteidigung bereitmachte. Die Augen des alten Mannes weiteten sich vor

Panik. Er streckte die faltigen Hände vor sich, als wollte er Neils Entsetzen auf diese Weise abwehren.

„Ganz ruhig, mein Sohn, ganz ruhig“, sagte er. „Ich bin nur der Vermieter.“

Neil senkte seine zitternden Fäuste. Ihm war sehr schwindlig zumute.

„Es tut mir leid, wenn ich Sie erschreckt habe“, begann der alte Mann, „aber als ich am Haus vorbeikam und gesehen habe, dass Ihr Wagen noch hier steht, hatte ich befürchtet, es könnte Ihnen etwas zugestoßen sein.“

„Etwas zugestoßen?“, fragte Neil verärgert.

„Ja. Sie sollten mir eigentlich gestern Morgen die Schlüssel zurückgeben.“

„Ich habe das Haus doch für die ganze Woche gemietet“, erwiderte Neil.

„Ich weiß: von letztem Sonntag bis einschließlich Freitag. Und wegen Ihnen bin ich jetzt im Rückstand. Die nächsten Mieter werden in etwa zwei Stunden hier eintreffen, und vorher muss ich das Haus noch reinigen. Sie können von Glück sagen, dass ich Ihnen keine weitere Woche berechne!“

„Was ist heute für ein Tag?“, fragte Neil, während er sich auf den Rand der Matratze setzte.

„Sonntag, verdammt. Ich werde Sie nicht noch einmal darum bitten, Mr. Keller. Stehen Sie auf und gehen Sie."

„Was?" Neil schüttelte den Kopf. „Das ist verrückt. Gestern war Montag; das ist der letzte Tag, an den ich mich erinnern kann. Ich bin zu Ihrem Haus gegangen und habe Ihrer Frau den Scheck und den Mietvertrag gegeben, dann bin ich zurückgekommen und habe geschlafen."

„Sie haben mit meiner Frau gesprochen, ja?" Mr. Freemonts Tonfall zeugte nicht länger von Zorn, sondern von Resignation. Seine Miene wurde sanfter, wechselte von Wut zu einer schlaffen Maske des Mitleids. „Ist alles in Ordnung mit Ihnen, Mr. Keller?"

„Gut", murmelte Neil. „Es ... geht mir gut."

„Sehen Sie, ich habe keine Ahnung, welche Spielchen Sie hier oben treiben, mein Sohn. Aber wenn Sie nicht krank sind, müssen Sie das Haus wirklich sofort räumen."

Der alte Mann verließ die Hütte, nicht aber das Grundstück. Unter Zittern stand Neil auf und sah durch die offenstehende Vordertür, wie der Vermieter Putzutensilien aus seinem Lieferwagen holte. Neil versuchte das Datum auf seinem Handy zu überprüfen, aber der Akku war leer.

Irgendwie wusste Neil, dass der alte Mann recht hatte. Fünf ganze Tage waren einfach verschwunden.

Neil betrat die Küche, und das saure Aroma verdorbener Nahrungsmittel drang ihm in die Nase. Er konnte kaum noch denken, bewegte sich wie automatisch durch das Haus, warf alles, was er nicht mehr brauchte, in einen Abfallbeutel und stopfte seine restlichen Habseligkeiten in die Reisetaschen. Er musste gehen, und zwar schnell, nicht wegen der Drohungen des Vermieters, sondern weil der Gedanke, auch nur einen einzigen weiteren Augenblick in Hawthorn Hill zu verbringen, unerträglich war.

Er drückte dem Vermieter den Schlüssel in die Hand und machte sich eilig auf den Weg nach Hause.

* * *

Als mehrere Stunden später die hoch aufragenden Umrisse der Stadt sichtbar wurden, lächelte Neil schwach vor Erleichterung. Kurze Zeit später lenkte er den Wagen in die Auffahrt und taumelte in sein Haus. Jeder Anblick, der ihn noch vor ein paar Tagen wegen Kates Abwesenheit traurig gestimmt hatte, war nun köstlich beruhigend.

Neil verbrachte jene Nacht auf dem Sofa und versuchte verzweifelt, eine vernünftige Erklärung für alles zu finden, was während der letzten Woche geschehen war – oder genauer: für alles, was *nicht* geschehen war. Vielleicht hatte ihn der Weißdorn mit einer Art von Drüsenfieber infiziert, weswegen er so lange geschlafen hatte? Die Vorstellung, so viel Zeit in dem kleinen Ferienhaus verloren zu haben, ängstigte Neil noch immer. Alles Mögliche hätte mit ihm geschehen können, und er selbst hätte während jener verhüllten Stunden alles Mögliche tun können.

Wenn es wirklich der Weißdorn gewesen war, der Neil krank gemacht hatte, dann musste er unbedingt ein Heilmittel dagegen finden. Zuerst dachte er daran, sich in die Notaufnahme einer Klinik zu begeben, aber am Ende beschloss er, die Ereignisse der vergangenen Woche geheim zu halten, es sei denn, er wäre gezwungen, irgend jemandem gegenüber, seine Symptome zu offenbaren.

Er konsultierte das Internet und versuchte auf eigene Faust etwas herauszufinden.

Botanik-Webseiten boten nur wenige Informationen, die sich auf seine Probleme anwenden ließen. Die einzige Quelle, die sich als annähernd hilfreich erwies (wenn man überhaupt davon reden konnte), war ein öffentliches Internet-Forum über Hexerei und Kräuter-Alchemie.

Neil überflog einige der Eintragungen, die den „Böse Kräfte des Weißdorns"-Themenstrang bildeten:

WeiseHexe6: Kann nicht behaupten, dass ich Weißdorn-Zweige empfehle – eine Menge negativer Geister können durch sie fliegen, Sternensohn.

NachtSonne: Die Weisen der alten Zeit benutzten Weisdorn (der später zu Weißdorn wurde) oft als Mittel, wenn sie sich vor ihren Verfolgern versteckten. Die Verwandlung von Fleisch in Holz verhalf besser zu Unsterblichkeit, als der Versuch, sich völlig seines Körpers zu entledigen.

Unsere Geister brauchen „Lehm" (oder Materie) zum Gestalten und Spielen. Wenn ihr glaubt, dass ich all das erfinde, schlage ich euch ein kleines Experiment vor, mit dem ihr die Richtigkeit meiner Aussage überprüfen könnt: Entzündet eine Kerze in einem dunklen Raum und stellt sie zwischen euch und einen Spiegel oder eine Schüssel mit Wasser oder eine andere reflektierende Oberfläche. Schaut hinein, bis ihr in der Lage seid, euer Gesicht deutlich widergespiegelt zu sehen (glaubt mir, das dauert eine Weile). Dann nehmt ihr euch einen Gesichtszug nach dem anderen vor und sagt: „Ich bin nicht dieses Fleisch“, „das sind nicht meine Augen“, „das ist nicht mein Schädel“ und so weiter. Wenn euer Spiegelbild vollständig verschwindet (was es tun wird, wie ich euch versichern kann, wenn ihr diese Übung ernsthaft durchführt), könnt ihr euch irgendeinen Gegenstand vorstellen – zum Beispiel einen Weißdornbusch –, und ihr WERDET zu diesem Gegenstand. Zuerst werdet ihr vermutlich nicht in der Lage sein, diesen Zustand lange beizubehalten, aber wie man so schön sagt: Übung macht den Meister.

Hekate99: NachtSonne – du scheinst andeuten zu wollen, dass ein Zauberer/eine Hexe/weise Person TATSÄCHLICH seinen oder ihren Körper von Fleisch in Holz verwandeln kann. Ich glaube, du vergisst die Macht der Metapher. SYMBOLISCH können wir Dinge tun, die uns KÖRPERLICH unmöglich sind. Das ist ein Unterschied. Die Verwechslung von Psychodrama mit physischer Realität führt zu einem vollkommenen Bruch mit der Realität.

NachtSonne: du sagst „zu einem vollkommenen Bruch mit der Realität“, Hecate99, ich aber sage dir: „zum Auffinden des Herzens der Realität.“ Unsere Körper sind nichts anderes als Meditationen – Materie, die darauf ausgerichtet ist, die Gestalt und Funktion anzunehmen, die ihr innewohnt, weil das die vorteilhafteste und nützlichste Form ist. Der Schlüssel zur Verwandlung der Materie ist ein sehr einfacher: VOLLKOMMENE KONZENTRATION. Man muss lernen, einen Gedanken – und nur einen einzigen – zu haben und festzuhalten. Damit werden wir in einer Hinsicht mehr als menschlich und in anderer Hinsicht WENIGER menschlich. Menschen sind Mikrokosmen, nachlässige Kompositionen aus tausend verschiedenen Meditationen, die allesamt gleichzeitig verlaufen. Wenn wir uns auf einen einzigen Impuls reduzieren, auf eine einzige Meditation, werden wir zu reinem Sein. Eine Holzhexe kann Dinge wissen und lernen, von der eine Fleischhexe nur träumen kann. Ich verstehe und schätze deine Sorgen, Hecate99, denn Verwandlung gründet in Herrschaft, und Herrschaft ist ein wahrlich erschreckendes Konzept.

Neil schaltete seinen Laptop aus, warf sich auf das Sofa und stieß heftig die Luft aus. Sein Geist fühlte sich schwammig und wacklig an, als ob die Leine, die für gewöhnlich seine Gedanken zügelte, zerrissen wäre. Visionen ergossen sich überall um ihn herum, machten seinen daliegenden Körper gewichtslos und scheinbar auch gestaltlos. Neil öffnete die Augen und sah nicht die knochenbleiche Stuckdecke, sondern den Himmel – den leuchtenden grauen Himmel. Dann erkannte er etwas, das er anfangs mit einem schwarzen Blitz verwechselt hatte; schartige Speere aus Finsternis zerbrachen die idyllische Fassade. Aber dieses Gewebe der Nacht bestand aus nichts anderem als aus Zweigen, dünn und verkrümmt, arthritischen Fingern gleich.

Er spürte, wie sich seine eigenen Finger bogen, als empfänden sie Mitleid mit der missgestalteten Flora. Aber als er den Blick zu senken versuchte, gelang es ihm nicht. Er sah nur die gewundenen Zweige, die sich überall um ihn herumbogen. Er fühlte sich starr, war aber seltsam zufrieden mit seiner neuen Reglosigkeit.

Durch das hölzerne Geflecht nahm Neil die Silhouette eines Mannes wahr, der nur wenige Fuß von ihm entfernt auf einem Felsbrocken saß. Das Gesicht des Mannes war hinter einem seltsamen Dunst verborgen, der wie Hitzewellen wirkte, die von einem sonnengetränkten Asphalt aufstiegen. Lange verharrte der Mann auf dem Felsen genauso reglos wie Neil, aber dann war eine kleine Bewegung wahrzunehmen. Neil beobachtete, wie der Mann auf dem Felsen die verschwommenen Hände faltete und das gesichtslose Haupt neigte.

Ein Zucken in seinem Körper löschte die Vision aus. Neil setzte sich auf und betete darum, dass sein rasendes Herz langsamer wurde. Der Gedanke, hier alleine zu sterben, sprang ihn an wie ein wildes Tier. Neil konnte nicht mehr atmen. Er brauchte offenes Gelände und Luft. Er brauchte den Trost von jemandem. Neil taumelte hinaus auf den Rasen vor seinem Haus, und die Nachtluft half ihm dabei, die immer stärker gewordene Panik zu brechen. Es war ihm jedoch noch immer unmöglich, wie ein Mensch unter Menschen zu gehen.

Als er sich irgendwann wieder gut genug fühlte, um fahren zu können, wagte er sich hinaus zu Kates Wohnung. Er musste mit ihr reden und ihr alles gestehen, was geschehen war. Er suchte nicht nach Antworten, sondern nur nach Trost.

Er betrat das Foyer des Gebäudes, in dem sie lebte,

und klingelte an ihrer Wohnungstür. Es erfolgte keine Reaktion. Neil begab sich auf die Rückseite des Hauses und schaute hoch zu ihren Fenstern. Sie waren dunkel; die Vorhänge waren zugezogen. Da er nicht wusste, was er tun sollte, fuhr Neil wieder nach Hause.

* * *

Am nächsten Tag meldete er sich bei seinem Arbeitgeber telefonisch krank. Er aß eine Menge, unternahm einen langen Spaziergang und versuchte die Mattigkeit abzuschütteln, die ihn nun unablässig plagte.

Am Dienstagmorgen kehrte er ins Büro zurück und fand seinen Tisch makellos sauber und aufgeräumt vor. Neils Vorgesetzter trat während des Mittagessens in der Cafeteria auf ihn zu und hieß ihn willkommen. Er lobte die Arbeit, die die Aushilfe während Neils Urlaub und seines anschließenden Krankentages geleistet hatte. Da Neil nicht recht wusste, wie er darauf reagieren sollte, lächelte er nur und sagte „Ja."

Den ganzen Nachmittag hindurch gelang es Neil nicht, sich zu konzentrieren. Seine Gedanken wanderten durch Gebiete voller knotigem Holz und Perlen aus Sonnenlicht. Er sehnte sich nach nichts mehr, als nach einer kurzen Rast.

Gegen fünf Uhr erkannte Neil, dass die wenigen Versuche, die er unternommen hatte, Informationen in die Datenbank der Firma einzugeben, voller Fehler und Irrtümer waren.

Es war offensichtlich, dass er heute besser nicht mehr arbeiten sollte.

Dann verbog Neil die Richtlinien der Firma, indem er sich ins Internet einloggte. Die Tatsache, dass solche Nachforschungen eigentlich tabu waren, erregte Neil und verschaffte ihm das Gefühl, eine geheime Gruft auszurauben, in der verbotenes Wissen lagerte.

Er fand dasselbe Forum über Hexenwissen, das er schon vor ein paar Tagen entdeckt hatte. In der Diskussion über Weißdorn gab es keine neuen Beiträge. Neils Blick fiel auf die Einladung: *Trage etwas zu diesem Thema bei.* Neil war dankbar für die relative Anonymität, die das Internet bot, und schuf ein Nutzerkonto unter dem Namen EIN.SUCHER. Rasch fügte er dem Themenstrang über den Weißdorn eine neue Botschaft hinzu:

> ***EIN.SUCHER:*** Hallo ihr alle. Ich bin neu in diesem Forum und wüsste gern, ob jemandem von euch etwas über einen Weißdorn bekannt ist, der zu seltsamen Gestalten auswächst, sodass er

> wie ein Mensch wirkt. Kennt jemand von euch einen Zauber, der Pflanzen dazu veranlasst, auf unnatürliche Weise zu wachsen? Vielen Dank im Voraus für jeden Rat.

Es erregte Neil, als er sah, wie seine Nachricht dem Themenstrang hinzugefügt wurde. Er trommelte mit den Fingern auf den Tisch und hoffte, sofort eine Antwort zu erhalten.

Ein umherschlendernder Vorgesetzter zwang ihn jedoch dazu, das Internet zu verlassen und so zu tun, als würde er wichtige Aufgaben erledigen, bis der Feierabend gekommen war.

Auf der Heimfahrt herrschte ungewöhnlich geringer Verkehr, und Neil benötigte weniger Zeit als üblich. Sein leeres Haus störte ihn nicht mehr. Es war ihm sogar gelungen, Kate fast den ganzen Nachmittag hindurch zu vergessen. Neil begab sich sofort zu seinem Computer, loggte sich ins Internet ein und rief das Hexen-Forum auf. Als er sah, dass sein Beitrag zum Weißdorn noch immer der neueste war und niemand darauf geantwortet hatte, war er enttäuscht, bis er bemerkte, dass eines der Mitglieder des Forums ihm eine private Botschaft geschickt hatte. Neil klickte auf das Briefumschlag-Symbol und las:

Lieber EIN.SUCHER, willkommen beim Forum. Ich glaube, es ist das Beste, wenn ich dich persönlich und außerhalb des Forums kontaktiere, um auf deine Frage zu antworten. Ich hatte einige Erlebnisse mit Weiß- oder Hexendorn, der sich zu scheinbar unmöglichen Formen auswuchs.

Kenne ich einen „Zauber", der so etwas bewirkt, wie du gefragt hast? Nein. Das heißt aber nicht, dass es solche Zaubersprüche nicht gibt; bloß ist mir selbst keiner bekannt. In meiner Erfahrung ist die ungewöhnliche Entwicklung von Flora das Symptom von etwas viel Größerem als menschengemachter Magie. Sie ist der Beweis dafür, dass die gesamte Natur (womit ich alles im physischen Universum meine) in Wirklichkeit eine Chiffre ist. Jedes Muster, das die Zweige von Bäumen bildet, jede Wolkenformation, jedes einzelne Blütenblatt an jeder einzelnen Blume – all das wächst GENAUSO, wie es wachsen soll. Wieso? Durch den Willen der zeitlosen und namenlosen Geister des Ortes. Warum? Weil die Geister versuchen, DIR die Geheimnisse des Lebens darzulegen. Was du in der Natur siehst, ist nicht das, was ich sehe, und umgekehrt. Während unseres ganzen Lebens versuchen die Geister durch das Medium der Natur zu uns durchzudringen. Die meisten Menschen sind so beschränkt, dass sie es nicht mitbekommen, und so lassen die Geister sie schließlich allein. Für einen durchschnittlichen Menschen bedeutet es nichts, im Wald zu sein; es ist so, als würde ein Analphabet in einer der größten Bibliotheken der Welt stehen. Der Analphabet sieht nur farbige Rechtecke aus Papier und hin und wieder ein hübsches Bild. Aber für jemanden, der lesen kann und Wissen liebt, ist eine Bibliothek ein Geschenk.

Für dich ist es an der Zeit, die Natur wirklich zu LESEN. Lass dir nicht einreden, Bäume und Gebüsche wüchsen rein zufällig. Sie bilden einen uralten Dialog zwischen den Geistern des Ortes und den Auserwählten innerhalb der Menschheit. Wenn sie sich die Mühe gemacht haben, einen Hexendorn in etwas Phantastisches zu verwandeln, damit du sie erkennen kannst, scheint es mir klar zu sein, dass du auserwählt wurdest. Dir wurde sozusagen der Stein von Rosetta übergeben. Jetzt ist es deine Aufgabe herauszufinden, was die Geister von dir wollen. Besitzt du Bilder von deinem Hexendorn, die du mir zumailen könntest?

Ich hoffe, diese Nachricht hat dir ein wenig Klarheit und Einsicht übermittelt.

Grüße,
NachtSonne

Neil lehnte sich auf seinen Stuhl zurück. Er las die Nachricht noch zweimal, bevor er sich zum Sofa begab. Die Abenddämmerung erfüllte das Wohnzimmer mit sanften Schatten. Der Klang seines eigenen Atmens wirkte störend in der vollkommenen Stille, die ihn umgab. Die Vorstellung, Jahrhunderte zu schlafen, erschien plötzlich nicht nur möglich, sondern durch und durch angenehm.

Neil spürte, wie sich seine Augen schlossen, als hätten fleischige Mottenflügel sie verhängt.

Wie in einer Rückblende verspürte er wieder die Panik und das heiße, schrille Grauen, als Mr. Freemont ihm erklärt hatte, dass all die Tage plötzlich vorübergegangen waren. Diese entsetzliche Erinnerung weckte ihn unsanft. Der kalte weiße Schlaf, der ihn von der Welt weggelockt hatte, zerfiel und schrumpfte wie eine Schnecke in einer Salzlake.

Im Wohnzimmer war es unerträglich stickig geworden. Seine Kehle fühlte sich staubig an, die Lunge war wie zugeschnürt. Neil stand auf und mühte sich damit ab, zerschlissene Laufschuhe anzuziehen.

Die Nachtluft schnappte nach ihm, als er die Auffahrt hinunter zum Bürgersteig lief. Die Straßenlaternen leuchteten flackernd auf, aber Neil fand den trockenen Glanz des abnehmenden Mondes weitaus anziehender für seinen Marsch. Er war nicht wirklich überrascht, als er feststellte, dass ihn seine ziellose Reise zum Milestone Park geführt hatte, aber es verwirrte ihn, wie angenehm er den Anblick des sauber geschorenen Rasens, der dekorativ aufgestellten Felsblöcke und der altertümlichen Bänke empfand. Für gewöhnlich hatte er nichts übrig für die Parks der Stadt. Sie waren bloß die unausgesprochene Buße der Menschheit für die Vergewaltigung des Landes und ein Mittel, die Illusion einer ländlichen Idylle in der kalten, trockenen Umklammerung der immer weiter sich ausbreitenden Großstadt zu schaffen. Aber heute Abend fühlte sich die Durchquerung des Milestone Park völlig neu an; es war eine einzigartige Erfahrung. Die Blumenbeete wurden von Ultraviolett-Lampen mit insektengeschmückten Glühbirnen bewacht, die Neil an das unheimliche Licht erinnerten, das er in seinen Träumen wahrgenommen hatte.

Neil wünschte sich, er könnte die Atmosphäre noch länger genießen, aber ein vertrautes Gefühl von Benommenheit quoll in ihm hoch. Die Kraft floss aus seinen Beinen ab; Flecken aus Licht und Dunkelheit sprenkelten seine Umgebung. Er war zutiefst dankbar dafür, dass eine unbesetzte Bank in seiner Nähe stand. Neil spürte, wie sein Körper auf das Holz sank, aber ein anderer Teil von ihm fühlte sich, als würde er noch schweben – als ob seine Seele irgendwie abgelöst worden sei. Er stellte sich vor, wie sein treibendes Selbst auf den Fleischanzug hinunterschaute, der es einmal beherbergt hatte. Wie kümmerlich sein Körper doch wirkte, wie grob und unbeständig.

Es gab in der Natur bessere Wirte – solche, die weitaus weniger beschränkend waren als die Drohne, die sich Homo Sapiens nannte. Neils schwebendes Selbst richtete den Blick auf die Ansammlung von Bäumen rechts und links von ihm.

Jetzt befand sich Neil nicht mehr auf der Bank. Er war in den Bäumen, tief verwurzelt in den verschatteten Zweigen. Auf der Bank saß ein Fremder. Irgendwo in seinen Waldgedanken fand Neil vage Erinnerungen daran, wie es gewesen war, ein Mensch zu sein.

Etwas berührte ihn. Neil ruckte zurück. Er saß auf der Bank. Eine Frau hatte ihm mit herrischem Gehabe die Hand auf die Schulter gelegt.

„Fühlen Sie sich wohl?“, fragte sie. „Soll ich Ihnen einen Arzt holen?“

Neil schüttelte den Kopf.

„Zu viel getrunken?“

„Eher zu wenig gegessen“, murmelte Neil. „Es geht mir gut. Ich glaube, ich sollte jetzt nach Hause gehen.“

„Zuerst sollten Sie sich etwas zu essen besorgen, aber, ja, nach Hause zu gehen wäre eine gute Idee.“

Als Neil mit langsamen Schritten den Milestone Park verließ, bemühte er sich, die Bäume, die wie schweigende Wächter neben dem Weg standen, nicht zu beachten. Anscheinend hatte der Wald ein so großes Vertrauen in ihn, das er ihm die Flucht erlaubte.

Irgendwo hinter ihm ertönte schrilles Lachen (von einer Frau). Die Stimme schien aus keiner bestimmten Richtung zu kommen; ihr Ursprung war unmöglich auszumachen. Aber Neil war sicher, dass diese Frau, wo immer sie sich auch befinden mochte, ihn auslachte. Das ärgerte ihn, aber nicht so sehr, wie der Umstand, dass ihm dieses Lachen so vertraut vorkam. Kate stand in dem Schatten, verspottete ihn wegen seiner Schwachheit und lachte ihn aus, weil er tatsächlich glaubte, dass die verrückten Worte von NachtSonne wahr waren.

Auch als die Entfernung zwischen Neil und dem Park immer größer wurde, verblasste Kates spöttisches Kichern nicht.

* * *

Neil hob den Kopf vom Kissen und betrachtete das von der Sonne befleckte Innere seines Schlafzimmers. Er hatte keine Ahnung, was für ein Tag heute war. Die Angst, das Zeitgefühl zu verlieren, war stark ausgeprägt, denn er hatte schon einmal eine ganze Reihe von Tagen verloren, und die Möglichkeit, dass ein weiteres Stück seines Lebens von ihm abgeschnitten worden war, empfand er als beinahe unerträglich.

Die Radiouhr verhalf ihm zu einer gewissen Beruhigung, als sie ihm zeigte, dass es erst kurz nach sieben Uhr morgens war. Neils Angst war aber noch so groß dass es für ihn eine große Willensanstrengung bedeutete, hinüberzugreifen und einen örtlichen Nachrichtensender einzustellen. Nachdem der Sprecher die neuesten Sportergebnisse und die finanziellen Sorgen des Planeten lang und breit dargelegt hatte, teilte er mit, dass es Mittwoch sei.

Neil hatte noch genug Zeit, sich zu waschen und das Büro vor neun Uhr zu erreichen. Seine Backenzähne schmerzten, und er fragte sich, ob das ein weiteres Symptom für ein Eindringen des Übernatürlichen war. Aber als seine Zunge gegen die Erdnuss stieß, die zwischen seinen Zähnen festklemmte, erinnerte er sich daran, dass er am vergangenen Abend in einem Eckladen zwei Schokoriegel gekauft hatte; er hatte sie hinuntergeschlungen und versucht, mit ihrer Hilfe den Schwindelanfall zu vertreiben. Der Zuckerschock hatte ihm genug Energie für den schwankenden Rückweg nach Hause verschafft, aber jetzt bezahlte er den Preis dafür. (Kate war von ihnen beiden die Naschkatze gewesen. Neil vertrug Süßigkeiten seit seiner Jugend nicht mehr.)

Um zehn nach Neun betrat Neil das Büro, und sofort überfiel ihn Übelkeit. Die faserigen grauen Wände des Labyrinths aus abgetrennten Arbeitsplätzen in dem Großraumbüro schienen anzuschwellen und dann zu schrumpfen.

Neil rannte zur Toilette und war erleichtert, als er sie unbesetzt vorfand.

Er stand vor den vielen Handwaschbecken, stützte

sich mit den Händen auf einem von ihnen ab und wagte es nicht, sein Bild an der verspiegelten Wand anzusehen. Er spritzte sich kaltes Wasser ins Gesicht, versuchte sein Herz dazu zu bringen, in einem weniger rasenden Rhythmus zu schlagen und blickte gerade aus.

Auf dem Spiegel zeigte sich ein unangenehmes Gewirr aus welligen Linien und Flecken. Neil atmete tief ein und hoffte, dass sich das Trugbild von selbst auflöste. Aber Neils Spiegelbild weigerte sich weiterhin zu erscheinen. An seiner Stelle sah er eine Maske, unangenehm vage und doch irgendwie vertraut.

Die Worte von NachtSonne hallten durch Neils Kopf, waren wie ein weicher Traumfetzen, den das Erwachen nicht ganz hatte auflösen können. „Das ist nicht mein Kopf ...“ Die Worte klangen obszön, als Neil sie laut aussprach. Er bedauerte, dass er es getan hatte, insbesondere als er sah, wie das blattäugige Spiegelbild ihn angrinste. Ein Teil von ihm wollte dieses Bild festhalten, es kennenlernen, mit ihm verschmelzen. Aber eine andere Erinnerung sprang in den Vordergrund.

Das Lachen. Kates spöttisches Kichern, das er im Milestone Park gehört hatte.

* * *

Der Hexendorn war verschwunden. Neils vertrautes, kreidebleiches, schwarzäugiges Gesicht zeigte ihm einen Ausdruck, der entweder Mitleid oder Geringschätzung übermittelte. Als er sich wieder gut genug fühlte, teilte Neil der Empfangsdame mit, er habe wohl einen Rückfall erlitten und müsse sich einen weiteren Tag krankmelden.

Mit einem Taxi fuhr er zurück zu seiner heimischen Zuflucht. Er verriegelte die Tür hinter sich, zog sich aus und kroch ins Bett. Er wusste nicht recht, wie NachtSonnes Worte es geschafft hatten, seine Welt in eine Schräglage zu bringen, aber Neil spürte, dass etwas in seinem Bewusstsein erwacht war.

Etwas, das seit langem in einer vernachlässigten Kammer seiner Erinnerung weggeschlossen war, hatte sich plötzlich geregt.

Neil kam sich vor, wie jemand, der einen Gedächtnisverlust erlitten hatte und sich plötzlich, nach einer langen Zeit in der Dunkelheit, wieder an seinen eigenen Namen erinnern und ihn aussprechen konnte, während er spürte, dass sich eine seltsame Kraft in seinem Innern regte. Er fühlte sich lebendiger als seit vielen

Jahren, vielleicht lebendiger als jemals zuvor. Ein ungezügeltes Sein schwoll in ihm an und schien zu groß für seinen Körper zu werden. Er zappelte im Bett herum. Keine Lage bot Bequemlichkeit; kein Gedanke blieb so lange in seinem Hirn, dass er dessen Bedeutung hätte ergründen können.

Er schloss die Augen und atmete tief durch. Die Bitte von NachtSonne um Bilder, führte Neil zu der Erkenntnis, dass er sein Idol nicht mehr besaß. Er hatte keinen Nachweis seiner Existenz und keine Hoffnung, es je wiederzusehen. Vielleicht war der Schlüssel, den die Geister ihm gegeben hatten (vorausgesetzt, das anzüglich grinsende Kind-Ding war dieser Schlüssel) jetzt für immer verloren und mit ihm alle Geheimnisse, die für Neil bestimmt gewesen waren. Seine Gedanken flogen zurück zu Hawthorn Hill. Er versuchte sich zu erinnern, wie der Fetisch ausgesehen hatte. Die Gedanken flossen nun viel gemächlicher und zogen mit einer beinahe erotischen Langsamkeit an Neils innerem Auge vorbei.

Ein Teil von ihm war nun wieder dort, saß auf einem Granitfelsen, überwölbt von einem wolkenlosen Himmel. Die Äste der Ulmen und Eichen wanden sich umeinander und bildeten gebogene Runen.

Und das Kind lag in seinen Händen.

Neil war fest entschlossen, sich jede Linie, jeden Zug, jede Einzelheit einzuprägen und diesen Anblick in seine Seele zu schnitzen, so, wie das Ding ursprünglich aus dem Weißdornholz herausgeschnitzt worden war. Denn die Erinnerung war alles, was von dem Kind-Ding übriggeblieben war – ein dunstiger, unfasslicher Gedanke.

Aber irgendetwas verdeckte das hölzerne Gesicht.

Neil blinzelte und strengte sich an. Eine kleine Nebelwolke verhüllte die Züge des Kopfes und machte sie enttäuschend vage.

Ein Geruch erfüllte Neils Nase. Zuerst hatte er geglaubt, es sei der natürliche Duft der Blumen um ihn herum, aber er war es nicht. Es war Kates Duft. Ihr Haar und ihr Fleisch kamen als Geruchsgeister zu ihm. Neil erkannte, dass es Kate war, die das Idol verdeckte. Sie hielt ihn von der Erinnerung ab. Sie verhinderte, dass die Geister ihn erreichen konnten. Sie hatte schon immer etwas gegen seine Träume gehabt.

Neil wollte es sich nicht nehmen lassen, und so ging er ganz langsam los.

* * *

Darren nahm die Kurve viel schärfer, als es Kate lieb war. Das Regenwasser, das sich in der Gosse gesammelt hatte, spritzte auf und warf eine Woge über einen Mann, der gerade einen nassen Basset ausführte.

Kate wollte Darren gerade ausschimpfen, als sie sah, wie das Gebäude, in dem sie wohnte, in Sicht kam. Sofort wurde ihr Ärger durch ein starkes Gefühl der Erleichterung ersetzt.

Sie war freudig erregt, als sie ihre Wohnung wieder betreten konnte, nachdem sie den größten Teil der letzten Woche aus dem Koffer gelebt und auf einem Ausziehsofa geschlafen hatte. Sie war zu Hause. Und sie war erleichtert, dass es erst früher Abend war, denn so konnte sie in den nächsten Stunden allmählich wieder in ihre gewohnte Routine zurückfinden.

Wichtiger noch, sie würde endlich die Gelegenheit haben, mit Neil zu sprechen und ihm die Ansprache zu halten, die sie in den vergangenen Tagen bis zur annähernden Vollkommenheit geübt hatte. Sie musste ihre Worte mit großer Umsicht wählen, denn es war schließlich eine schwierige Situation, und wenn Neil mit etwas umgehen konnte, dann waren es Worte. Die Sätze, die sie einstudiert hatte, waren fein ziseliert. Sie waren glasklar, aber sanft eingehüllt; es würde keine Aussöhnung zwischen ihnen geben, aber egal was Neil glauben mochte, er war nicht allein für ihre Entfremdung voneinander verantwortlich. Er war natürlich auch nicht völlig unschuldig, aber Kate erkannte jetzt, dass ihr Partner eine umfangreichere Erklärung verdient hatte, als die vier Worte auf dem Medizinschränkchen.

Sie hatte sich entliebt.

Es war eine schmerzhafte, aber insgeheim auch strahlende und belebende Erkenntnis. Neils Unnahbarkeit, seine eisige Zurückweisung von allem, was nicht seinen eigenen Vorstellungen entsprach, hatte ihr jahrelang das Gefühl gegeben, nicht die richtige Partnerin für ihn zu sein.

Es hatte einer langen Selbstprüfung bedurft, bis sie begriffen hatte, dass das Problem nicht auf ihrer Seite, sondern hauptsächlich auf der von Neil lag. In den Tagen nach der Erkenntnis, dass sie ihre Gefühle für Neil verloren hatte – ein Umstand, den sie lange vor sich selbst geheim gehalten hatte –, schien sich die Welt erneuert zu haben; sie war zu einem Garten von unendlichen Möglichkeiten geworden.

In der Diele hinter ihr hörte sie einen Schlag wie von einem Donner. Unwillkürlich stieß Kate einen Schrei aus und errötete sofort deswegen.

„Entschuldigung, Entschuldigung!", murmelte Darren, während er einen von Kates drei Koffern aufhob.

„Ich musste sie allein vom Wagen bis hierherschleppen. Zuerst bin ich dein Chauffeur und jetzt dein Packesel?" Er öffnete den Reißverschluss seines Mantels und schüttelte die Tropfen ab. „Wenigstens hört der Regen allmählich auf."

Es entstand eine Pause, als Darren versuchte, Kates Gemütslage anhand ihrer Körpersprache zu erkennen. Was er sah, machte ihm Sorgen. „Bist du sicher, dass du nicht noch einige Tage in Mutters Haus verbringen möchtest?"

„Ich habe schon ein paar Krankentage verbraucht", meinte Kate, „und zwar nach einer ganzen Urlaubswoche. Nein, ich muss in mein altes Leben zurückkehren. Oder vielleicht eher in mein neues."

Darren zuckte mit den Achseln. „Wie du willst. Wenn du sicher bist, dass du sonst nichts mehr brauchst, mache ich mich jetzt auf den Rückweg."

Kates Mund verzog sich zu etwas, das eine gewisse Ähnlichkeit mit einem Lächeln aufwies. „Danke, Darren. Ich weiß zu schätzen, was du für mich getan hast. Und richte Mama noch einmal meinen großen Dank aus. Ein paar Tage zu Hause war genau das, was ich gebraucht habe. Aber wie ich schon sagte, ist es an der Zeit, dass ich mich wieder in meinem eigenen Leben zurechtfinde. Außerdem ist es ja nicht so, dass ich eine große Tragödie durchgemacht habe, oder? Es ist nur eine Trennung."

„Das stimmt", erwiderte Darren. Aus irgendeinem Grund hatte Kate gehofft, er würde lächeln, als er das sagte. Die beiden umarmten sich kurz, dann wandte sich Darren zur Tür.

„Bist du sicher, dass mit dir alles in Ordnung ist?" Sein noch immer regennasses Gesicht wirkte im schwachen Licht des Wohnzimmers, als würde es schmelzen.

„Mir geht es gut." Kates Stimme war leise, weil sie abgelenkt war. Sie betrachtete das Telefon, sah dann wieder ihren Bruder an und lächelte. „Kann ich dir eine Tasse Tee oder sonst etwas anbieten?"

„Nein, ich sollte jetzt zurückfahren. Ich muss morgen früh um acht Uhr im Büro sein." Er fischte die Schlüssel aus seiner Hosentasche. „Ruf zu Hause an, wenn du etwas brauchst."

„Das hier ist mein Zuhause, nicht wahr?"

„Richtig. Ich werde dich jetzt alleinlassen."

Als die Schritte ihres Bruders allmählich verklangen, ging Kate zum Telefon. Sie war nervös und hörte mehrfach auf, Neils Nummer zu wählen, bis sie endlich in der Lage war, alle Zahlen einzugeben. Es schellte am anderen Ende, bis der Anrufbeantworter ansprang.

Kate legte auf. Sie konnte die Sorge nicht verleugnen, die sich nun in ihrer Magengrube ausbreitete.

* * *

Draußen hatte sich der Regen zu einem ziellos dahintreibenden Nebel verdichtet. Er verdeckte einen großen Teil der Hecke, die den Weg von Kates Haus zum Parkplatz davor säumte. Darren zog den Reißverschluss seines winddichten Mantels bis zum Kinn und war überrascht, wie kalt und feucht eine Juninacht sein konnte. Die Straßenlaterne stülpte einen unheimlichen Kegel aus orangefarbenem Licht über seinen Wagen.

Seltsam, welche Täuschungen die Elemente verursachen können, dachte Darren, während er die Fahrertür aufschloss. Er saß bereits im Wagen, und der Motor lief, als ihm aufging, dass etwas nicht stimmte. Ganz und gar nicht.

Hatte er wirklich eine Gestalt gesehen, die über die Straße getaumelt war?

Darren schaltete die Scheinwerfer ein. Nebeltropfen wirbelten wie Kaulquappen durch die Strahlenkränze. Er kniff die Augen zusammen und spähte hinaus in ein Meer aus grauer Nässe, dass einmal Kates Nachbarschaft gewesen war.

Eine schwarze Gestalt trat aus dem matten Nebel hervor. Ihre Bewegungen wirkten unbeholfen und abgehackt. Ganz kurz blieb die Gestalt stehen und warf einen Blick in Darrens Richtung. Darren weigerte sich, das zu akzeptieren, was er da vor sich in der Nacht sah.

Die Gestalt schwankte wieder vorwärts, hielt die Arme ausgestreckt, und die Hände tasteten umher. Darren beobachtete, wie das Ding stolperte, als es den Bürgersteig erreichte. Er fiel auf den Bauch, richtete sich wieder auf und schlurfte ohne Pause weiter. Der Hof vor Kates Haus war sein Ziel.

Panik ergriff Darren. Er warf die Wagentür auf, kämpfte mit dem Gurt, bis dieser schließlich nachgab, und rannte dann hinter der Gestalt her.

Er hörte das leise Tappen anscheinend nackter Füße auf den Ziegeln des Hofes.

„He!", rief Darren. Sogleich war es ihm peinlich. Seine Stimme klang laut und aggressiv. In viel sanfterem Tonfall murmelte er: „Nein! Nicht!"

Es waren seine letzten Worte, denn sobald er sie ausgesprochen hatte, spürte Darren, wie sich zwei Hände, die hart wie Holz waren, um das weiche Fleisch seiner Kehle schlossen.

* * *

Als sie auch beim sechsten Versuch nur vom Anrufbeantworter begrüßt wurde, gab Kate es auf, Neil zu erreichen. Sie war erschöpft, aber doch so besorgt, dass sie nicht schlafen konnte. Also ließ sie sich ein heißes Bad ein.

Ihre Muskeln wurden schlaff, und sie war dankbar für das dampfende Wasser, das sie immer höher umgab. Schließlich war sie so entspannt, dass der plötzliche krachende Laut sie zum Aufschreien brachte. Sie richtete sich auf, und das Badewasser platschte über den Rand der Wanne. Wieder war es in der Wohnung ganz still geworden. Es hatte den Anschein, als ob der Lärm aus dem Wohnzimmer gekommen war, oder vielleicht aus dem Schlafzimmer ... von wo aus die gläsernen Schiebetüren auf ihre kleine Terrasse führten. Jemand hatte vielleicht ihre Wohnung beobachtet und geglaubt, sie sei noch nicht wieder zu Hause, und so war er eingebrochen.

Kate griff nach einem Handtuch und versuchte so leise wie möglich aus der Wanne zu steigen. Etwas zersprang auf dem Boden des Wohnzimmers – vermutlich eine Blumenvase. Kate schaltete das Licht im Badezimmer aus und lehnte sich zitternd gegen die geflieste Wand. Sie lauschte angestrengt, aber nur Stille floss ihr entgegen. Kate schlich ein – zwei Schritte vor und legte das Ohr gegen das dünne Holz der Badezimmertür.

Der Schlag von der anderen Seite riss die Tür aus den Angeln und schleuderte Kate rückwärts in den Raum. Sie schlug mit der Schläfe gegen etwas Hartes und fiel in das inzwischen lauwarme Badewasser. Aus der Diele drang Licht herein und enthüllte die Gestalt, die nun in das Badezimmer trat und hoch über Kate aufragte. Sie öffnete den Mund und wollte schreien, aber der Eindringling griff mit groben, klauenartigen Händen zu und drückte ihren Kopf unter die Oberfläche. Wasser drang in Kates offenen Mund ein. Sie spürte, wie die Luft aus ihr herausgepresst wurde und das Wasser sie eifrig ersetzte. Sie wehrte sich, konnte aber nicht entkommen. Sie öffnete die Augen. Das gekräuselte Wasser verzerrte die großen, starren Augen ihres Angreifers und machte sie zu flatternden weißen Blütenblättern. Sie schaute auf die feuchten Umrisse und begriff, dass sie starb.

* * *

Frei von allen Ablenkungen und Banden, die ihn an sein altes Leben gekettet hatten, ertastete sich Neil blind den Weg aus Kates Wohnung und schließlich aus dem Gebäude.

Hinter dem Haus erstreckte sich ein kleiner, bewaldeter Hohlweg. Neil erahnte, dass er dorthin gehen und warten sollte, und das tat er.

Die Büsche und Sträucher schienen sich wie Arme um ihn zu schließen, die ihn willkommen hießen.

Neil begriff, dass in kurzer Zeit Panik in dem nahen Gebäude einsetzen und eine verzweifelte Jagd beginnen würde. Aber er hatte keine Angst. Er wusste, dass er in Sicherheit war. Er war geschützt.

Die Stimmen in seinem Ohr flüsterten ihm zu, wie wichtig es jetzt für ihn sei, Ruhe zu bewahren und still zu bleiben – doh, ganz und gar still. Neil verstand die Anweisungen dieser Geister des Ortes. Er stellte sich vor, wie er schrumpfte und steif wurde. Die Stimmen versprachen ihm weitere Hilfe.

Er stellte sich seine Antwort auf die Stimmen vor und vertraute darauf, dass sie seine Bereitschaft erkannten, ihren Wünschen zu entsprechen. Schon jetzt, während er sich in diese Gruft der Nacht kauerte, begannen sie damit, ihm die Natur in ihrer reinsten Gestalt zu enthüllen: ledrige Blättermäuler, von denen

Perlen aus Regenwasser tropften, ein sanftes Bett aus Nebel, das die Köpfe von Giftpilzen krönte, die beinahe neonhellen Farben so vieler verborgener Blumen. Sogar der Himmel, schwarz und erstickt von Wolken, enthielt in sich das Versprechen der Erneuerung.

Neils Gefühl der Verjüngung war ekstatisch. Obwohl seine Lunge ihm die Atemluft zu verweigern schien, kam er sich gesegnet vor. Sein immer langsamer schlagendes Herz fühlte sich in seiner Brust allmählich wie ein Knoten aus Holz an, aber Neil war verzückt und wonnetrunken.

Er war nichts.

Er stand in Blüte.

Ein bleicher Teufel mit Zypressenblumen

Für Hanns Heinz Ewers

1

Immer, wenn die Bomber über die Stadt flogen und die Straßen mit Tod bestrichen, frönte Josef Amsel dem seltsamsten der vielen Rituale, von denen seine einsame Existenz erfüllt war: Er verließ die kleine Pension, in der er lebte, wanderte unter den herabregnenden Bomben einher und sann über sein Schicksal nach.

Zum ersten Mal war er an einem Tiefpunkt seines Lebens zu einem dieser gefährlichen Spaziergänge aufgebrochen. Er war von Gefühlen der Isolation und Einsamkeit geplagt worden, und seine finanzielle Lage war ernst gewesen.

Bei jenem ersten Ausflug während eines Luftangriffs hätte Josef seine Auslöschung willkommen geheißen und forderte sie gleichsam heraus. Aber in den vierzehn Monaten seit jener feurigen Nacht, als Josef atemlos auf sein Zimmer zurückgekehrt war, in Schweiß gebadet und beinahe trunken von den Gefahren, denen er ausgesetzt gewesen war, hatte er einige positive Änderungen an seinem Leben vorgenommen.

Einige glückhafte Kartenspiele hatten es Josef ermöglicht, einen großen Teil seiner Schulden zu begleichen (er stellte das Spielen ein, bevor das Glück wieder umschlagen konnte), und er war zufrieden, noch immer Junggeselle zu sein. Daher hatten seine Kriegsspaziergänge inzwischen eher den Grund, „mit den Schicksalsgöttinnen zu reden", wie Josef es nannte, als dass sie weiterhin Selbstmordversuche gewesen wären.

Und so warf Josef in der Nacht des siebten Oktobers die Bettdecke in dem Augenblick zurück, in dem er das vertraute Rumpeln spürte, das sein Haus erschütterte. Rasch kleidete er sich zur Musik der immer zahlreicher werdenden Explosionen an. Kurz bevor er sein Zimmer verließ, verschloss er seine Ohren mit Stöpseln, die er sich aus einem alten Schwamm gebastelt hatte. Er trug sie nicht, damit der Lärm der Bomben gedämpft wurde, sondern damit er die Rufe der Nachbarn und der Soldaten, denen er begegnen mochte, nicht hören konnte.

„Gehen Sie nach Hause, Sie verdammter Narr", würden sie ihn anschreien. „Sind Sie wahnsinnig? Suchen Sie Schutz, Sie Idiot!" Aber er weigerte sich, sie zu beachten und lauschte stattdessen den Stimmen in seinem Kopf, die ihn führten. Sie sagten ihm, ob er nach rechts oder nach links gehen sollte. Sie geleiteten ihn zu den Schätzen, die unter all den geborstenen Steinen lagen.

Josef wollte glauben, dass diese Stimmen Geistern gehörten, und dass die zerstörten Städte die Hallen der Toten waren. Solche Spiele erinnerten ihn an die Geschichten, die ihm seine Mutter zur Ausschmückung seiner Kindheit erzählt hatte: Geschichten vom Märchenland, von kinderfressenden Hexen, oder vom grausamen Friedrich, der seine Haustiere leichtfertig verstümmelte.

Diese Gaben hielt er in Ehren, aber Josef besaß noch eine weitere Erinnerung an seine Mutter, die nicht ganz so prosaisch war. Es war ein immerwährender Wunsch von ihr gewesen, den sie gehegt hatte, seit sie ein kleines Mädchen war. „Ich würde gern dem Teufel in Person begegnen“, pflegte sie ihrem Sohn zuzuflüstern. „Ich glaube ... ja, ich glaube wirklich, dass er die faszinierendste Kreatur ist, die man kennenlernen kann.“

Josefs Mutter war durch die Grippe gestorben, als er erst zwölf Jahre alt gewesen war, und er bedauerte es noch immer, dass ihr größter Wunsch unerfüllt geblieben war. Sie hatte recht gehabt; dessen war sich Josef sicher. Gewiss würde niemand faszinierender sein.

* * *

Der Himmel war eine Böschung aus grabsteingrauen Wolken, die gelegentlich vom Bombenfeuer erhellt wurden; es war ein Anblick, den Josef recht hübsch fand. Er fragte sich, ob hinter den Gardinen der Fenster und hinter den verriegelten Türen gekreischtes Flehen hervordrang. Er bog um eine Ecke und kam in die Münsterstraße, gerade als eines der Häuser seine Form in einem Pilz aus Flammen und Rauch verlor. Josef hob den Arm und schützte sich vor umherfliegenden Glassplittern und Trümmern, denn auch wenn er ein überzeugter Junggeselle war, empfand er doch einen gewissen Stolz auf sein Aussehen.

Während die Schwerkraft die letzten Trümmer erdwärts zog, setzte Josef seinen Weg fort. Als er sich dem Ende der abfallenden Straße näherte, befürchtete er schon, die Bombardierung würde weiter östlich fortgesetzt, was die Kommunikation der heutigen Nacht sehr kurz gemacht hätte. Er hatte kaum Zeit gehabt, über seine Zukunft nachzudenken, als die Bomber bereits weiterflogen.

In dem Wunsch, auch noch die letzte Unze an Inspiration aus der Nacht zu wringen, durchsuchte Josef die Ruinen nach Opfern. Dies war eine Tätigkeit, die ihm stets eine erneuerte Hochschätzung für das Leben verlieh. Wann immer er auf eine zerbrochene, leblose Person stieß, die in den dampfenden Trümmern lag, wurde sein Verstand von so vielen Theorien und Eindrücken bestürmt, dass er kaum mithalten konnte.

Josef hatte herausgefunden, dass das beherrschende Thema solcher Meditationen die Frage war, ob die Seele eine messbare Substanz war. Diese Theorie hatte sich in den Vordergrund gedrängt, nachdem er eines späten Abends auf den Kadaver eines Nachbarn gestoßen war.

Die Explosion war gewaltig gewesen, da der Mann kaum noch erkennbar war. Es war ziemlich erschreckend. Josef hatte sich sogar auf die Zunge gebissen, damit er den elenden Toten nicht verfluchte, weil er in der Gasse beinahe über ihn gestolpert wäre. Armer bleicher Narr; er war völlig zerschmettert und ausgezehrt. Josef erinnerte sich daran, dass das Gesicht seines Nachbarn außerordentlich faltig gewesen war, als sei die Kraft, die ihn einst belebt hatte, aus ihm gewichen, wie Luft aus einem Ballon und habe eine vertrocknete Hülse zurückgelassen.

Er hoffte, heute Nacht einen ähnlichen Schatz zu

entdecken. Was Josef stattdessen fand, war eher unheimlich als grausig, aber es nahm ihn trotzdem gefangen.

Aus dem halbierten Fundament eines zerstörten Gebäudes schäumten tatsächlich grelle Blumen hervor. Die Blütenblätter stellten lebhafte Zerrbilder von Sternen dar; sie waren elfenbeinfarben, lavendelfarben, blutrot.

Mit einem Grinsen bückte sich Josef und wollte riechen, welchen Duft diese zähe Flora verströmte, falls sie überhaupt duftete. Als er in die Hocke ging, entdeckte er, dass das rankenartige Gewächs nur in den Spalt gesetzt worden war und nicht aus ihm herauswuchs. Es kippte zur Seite und zeigte seinen gebrochenen Stängel. Josef rettete die Blume aus den Ruinen und hielt sie sich unter die Nase. Er roch nichts, aber er bemerkte, dass viele weitere Exemplare der grellfarbenen Blume über Möbelreste und Fensterglassplitter verstreut waren. Die Blüten und Stängel bildeten eine farbenfrohe Spur durch die Verwüstung, bevor sie in einem leeren Türrahmen endeten.

Dieser Türrahmen und ein Teil der Ziegelmauer, in der er steckte, waren die einzigen noch aufrechtstehenden Teile des Gebäudes. Als Josef die Blumen und den leeren Türrahmen betrachtete, dachte er zurück an die Feengeschichten aus seiner Kindheit, an die den Weg weisenden Brotkrumen, die vom Waldvolk ausgestreut worden waren, oder an die verzauberten Honigkuchen, mit denen neugierige Kinder angelockt wurden.

Während diese dunklen Freuden in seiner Erinnerung aufquollen, überraschte es Josef kaum, als eine Gestalt durch den Türrahmen in das Mondlicht trat.

Die Gestalt schien geradewegs aus einem Schwarzwald-Märchen zu kommen. Sie war stämmig, und ihre Augen blickten wild drein. Die Kopfhaut war bleich und pockennarbig. Lange, drahtige Haarbüschel rahmten das hässliche Gesicht ein, und zwei Hörner aus einem Material, das für Josef wie schmutzige Knochen aussah, ragten aus der hohen Stirn hervor.

Diese Hörner waren nicht die einzige Seltsamkeit des Kopfes, denn der wies weder Augen noch Nase, weder Ohren noch Mund auf. Er war nichts als eine klumpige Hautmasse, ein krankes Gemisch aus Grau, Beige und Weiß. Der größte Teil seines Körpers war unter schmutzigem, faserigem Stoff verborgen.

Die Finger des Wesens waren fleckig und erinnerten an Seile. In ihrem Griff befand sich ein Strauß aus Sternenblüten an steifen, smaragdfarbenen Stängeln.

Beinahe hätte Josef vor Freude geweint. „Wenn

Mama jetzt bei mir sein könnte“, dachte er. „Wenn sie ihn nur sehen könnte ...“

Als die monströse Gestalt die Arme ausstreckte, glaubte Josef, sie lade ihn dazu ein, die Blumen entgegenzunehmen. Er trat vor; seine Füße fanden auf dem unebenen Gelände nur schwer Halt. Er verlor die Orientierung, sowohl wegen der Eigenartigkeit dieser Begegnung, als auch wegen der Stöpsel in seinen Ohren. Josef zog sie heraus und hörte sofort das Schreien.

Die Schreie kamen von einer weiblichen Stimme, und sie ertönten irgendwo rechts von ihm. Josef drehte sich um und entdeckte eine junge Frau von etwa siebzehn Jahren, die unter einer eingestürzten Ziegelwand lag. Ihre Gesichtszüge waren durch Staub und Mörtel gebleicht, und zwei blutige Rinnsale rannen an ihren Wangen herunter. Ihre Schreie klangen heiser. Josef fragte sich, wie lange sie ihn schon um Hilfe anrief, während er taub und voller Ehrfurcht vor dem Teufel dagestanden hatte.

Josef riss den Kopf herum und sah gerade noch, wie die Kreatur in die Dunkelheit hinter dem Türrahmen zurückwich. Das Herz schlug ihm bis zum Hals. Er rannte los und verfolgte das, was er als sein Schicksal ansah. Nach so vielen Bombenspaziergängen hatte Josef endlich seine Bestimmung gefunden.

„Wohin gehen Sie?“, rief das am Boden festgeklemmte Mädchen. „Helfen Sie mir! Bitte!“

Er war uneins mit sich selbst, was er als nächstes tun sollte, doch schließlich entschied er sich für den Teufel. Allerdings enthüllte ihm ein rascher Blick in das Trümmerhaus, dass das gehörnte Wesen nicht mehr da war.

Niedergeschmettert ließ Josef den Kopf sinken und fluchte; fast hätte er geweint.

Da er nicht wusste, was er sonst tun sollte, richtete Josef seine Aufmerksamkeit auf das arme Mädchen. Seine Überzeugung schwand (ein wenig), als er ihr in die Augen blickte.

„Befreien Sie mich!“, jammerte sie. „Bitte. Ich glaube, mein Bein ist gebrochen.“

Nach einem letzten bedauernden Blick auf den leeren Türrahmen inmitten der Trümmer, trat Josef auf das Mädchen zu und murmelte: „In Ordnung, in Ordnung, ich will's versuchen.“

Bevor er das erste Trümmerteil anhob, fragte sich Josef, ob seine dürren Arme hier überhaupt etwas ausrichten konnten. Rasch sammelte er einige der Blumen vom Boden auf und legte sie sanft in seine Manteltasche.

Er versicherte der jungen Frau, dass bald alles gut würde.

2

Ihr Name lautete Helma Küfer. Nachdem er ihr das Blut und den Staub aus dem Gesicht gewaschen hatte, stellte Josef fest, dass sie recht hübsch war. Und er erfuhr, dass er sich bei der Schätzung ihres Alters nur um ein Jahr geirrt hatte.

Ihre Beziehung begann auf respektable Weise. Helmas Vater vergoss Tränen der Freude und Dankbarkeit und bestand darauf, dass Josef ihnen in dem Gasthaus, dessen Eigentümer er war, beim Abendessen Gesellschaft leistete. Gemeinsam genossen Helma, ihr Vater (ein Witwer) und Josef gegrilltes Rind, Brot mit Butter und danach Bitterschokolade.

Während des Essens befürchtete Josef, Helma könnte sich in ihn verliebt haben, denn andauernd schossen die Blicke ihrer schmalen blauen Augen in seine Richtung.

Sein Verdacht wurde stärker, als Herr Küfer die Vorzüge seiner Tochter pries: ihre eiserne Arbeitsethik, ihre Kochkünste, ihre Treue und dergleichen mehr.

Helma ergriff nur einmal das Wort und fragte ihn, warum er „diese besondere Blume“ an sich genommen hätte.

„Ich mag sie gern“, erklärte Josef und fuhr mit dem

Finger über das Bündel aus Grün und den seidig-roten Stern, der es krönte. „Sie verschaffen mir glückliche Erinnerungen an meinen Vater."

„Das ist eine seltsame Wahl", gab Helma zurück. „Zypressenwein wird mit dem Tod in Verbindung gebracht."

Josef spürte, wie Helma durch dieses Element verborgenen Wissens sein Interesse weckte. Als sie sich an jenem Abend voneinander verabschiedeten, beschloss Josef, Fräulein Küfer bald einen Heiratsantrag zu machen. Er kochte nicht gern, und er hatte viele Geschichten über das Vergnügen der Gemeinsamkeit gelesen, insbesondere im Herbst des Lebens, der in seinem Fall inzwischen nicht mehr so weit entfernt war. Außerdem würde Josef wohl kaum eine andere Frau finden, die, wie er, den Tod als Fundament aller Dinge, einschließlich der Blumen, ansah.

Die beiden verlobten sich einige Wochen nach Kriegsende. Es war eine seltsame Zeit für das Land, erfüllt mit Trauer und Verwirrung, aber auch mit dem edlen Drang zum Wiederaufbau und dem Wunsch, aus der Asche des Kampfes wie ein gereinigter Phönix aufzusteigen.

Sie heirateten im Frühling in der großen Kirche, in der Helma und ihr Vater jede Woche die Messe hörten.

Für eine Zeit zog das Paar in eines der Zimmer im Gasthaus des Vaters, aber schließlich kauften sie ein sehr kleines Haus in der Nähe von Düsseldorf, nicht weit entfernt von der Kanzlei, in der Josef als Rechtsanwaltsgehilfe arbeitete.

Ihr Leben war geruhsam, aber recht glücklich. Es bedurfte einiger Anstrengungen, Josefs seltsame Hobbys vor seiner Frau geheim zu halten, aber er war der Meinung, dass man sich an alles gewöhnen konnte, und so lebte er im Frieden mit sich und Helma in dem winzigen Haus am See.

Zu ihrem Grundstück gehörte ein kleiner Wald, in dem Josef gern nächtliche Spaziergänge unternahm. Oft tat er dabei so, als würden ihm seltsame Kreaturen dicht auf den Fersen folgen, aber am Ende brachten solche Träumereien bloß Gefühle von Enttäuschung und Traurigkeit hervor. Diese Empfindungen schienen, wie Josef nur sehr ungern zugab, mit jedem Tag, an dem er den freundlichen Nachbarn, den ergebenen Ehemann und den zuverlässigen Angestellten spielte, immer weiter zuzunehmen und stärker zu werden.

Josef wurde krank von dem Gedanken, dass der König der üblen Ekstasen sein Tor für ihn in jener schicksalhaften Nacht geöffnet und Josef diese seltenste aller Einladungen abgelehnt hatte. Er hatte sich erlaubt, so langweilig menschlich zu werden. Es lähmte ihn, darüber nachzudenken, dass er köstliche Teufeleien gegen die erstickende Stille des heimischen Herdes eingetauscht hatte.

Seine Mutter hätte sich für ihn geschämt.

Doch selbst wenn diese hässlichen Theorien stimmten, hatte Josef doch seine Helma so liebgewonnen, dass er ihr niemals die tiefen Gefühle, die in seinem Herzen nisteten, hätte erklären können. Und so ließ er es zu, dass diese harschen Gefühle ihn vom Augenblick des Erwachens am Morgen bis zum Schlafengehen am Abend von innen auffraßen und als spöttische Träume verkleidet in seinem Unterbewusstsein umherschlenderten.

Manchmal hegte er einen scharfen Groll gegen Helma, als ob sie, das zerschmetterte Opfer des Luftangriffs, schuld an seiner närrischen Wahl gewesen sei. Wann immer ein solches Gift sich in ihm ausbreitete, fasste sich Josef wieder, indem er einen einsamen, langen Spaziergang machte.

Diese Wanderungen wurden immer länger. Da der Krieg vorbei war, fiel es Josef schwer, sie so spannend zu gestalten, wie sie früher gewesen waren, aber eines Abends beschloss er, ihnen eine größere Exotik zu verleihen.

Er ging zu dem kleinen Friedhof am Ende des Waldes.

Falls der Teufel ihn einer zweiten Chance für würdig ansehen sollte, wo sonst würde er erscheinen, wenn nicht unter den mächtigen Toten?

Möglicherweise war dies der Schlüssel: jene Orte aufzusuchen, welche die anderen Menschen instinktiv mieden. Vielleicht konnte er an einem von ihnen einen Weg zur Hölle finden.

Josef war schockiert, als diese kleine Abweichung von seiner üblichen Route sofort die Aufmerksamkeit Seiner Höllischen Majestät erregte.

Dort, auf der Erde vor dem Tor zum Friedhof, lag frisch gepflückter Zypressenwein. Die leuchtenden Blüten hoben sich wie glühende Kohlen vom feuchten Lehm ab.

Er rannte auf den Friedhof, hatte die Augen hoffnungsfroh aufgerissen, aber kein Teufel war zu sehen. Er setzte sich auf einen der Grabsteine, der von der Zeit glattgeschliffen worden war, und wartete.

Die Morgendämmerung hatte schon fast eingesetzt, als Josef zu der Erkenntnis kam, dass er in dieser Nacht keine weiteren Gaben erhalten würde. Bevor er sich auf den Heimweg machte, sammelte er die Blumen vom Boden auf und legte sie in seine Tasche. Er hatte bisher nur einen kurzen Blick erhaschen können. Josef wusste, dass er sich den Zugang zu dem Weg nach unten verdienen musste.

3

So begann Josefs selbstinszenierte Einweihung. Jede Nacht nährte er seinen stetig wachsenden Hunger nach unnatürlichen Vergnügungen. Er verbrachte mondbeglänzte Nächte zwischen den Gräbern, schnitzte kleine Figuren aus sorgfältig ausgewählten Hölzern und kratzte mit dem Kopf eines Schwefelholzes barbarische Verse auf alte Steine.

Obwohl ihm der Träger des Zypressenweins nicht mehr erschienen war, fand Josef doch stets die Blumen vor, wann immer er seinem Gewissen widersprochen und sich gezwungen hatte, Dinge zu tun, die kein ehrbarer Mann je tun würde. Ob in einer Höhle, oder auf der Einfassung eines unbenutzten Brunnens, oder zwischen den Grabsteinen: immer waren die Blumen da und verdeutlichten ihm seinen Fortschritt.

In einer verheißungsvollen Nacht wurde Josef so sehr von der romantischen Atmosphäre des Friedhofs mitgerissen, dass er eines der alten Mausoleen plünderte. Er hebelte eine längliche Kiste auf und steckte die nackten Hände in die wundervolle, köstliche Verwesung, die sich darin befand.

Wenn er sich im Griff seiner schwarzen Taten befand, hielt er nie inne und fragte sich, ob es schicklich sei, Gräber zu plündern, mit selbsterschaffenen Chimären Umgang zu pflegen und mit Elementargeistern zu plaudern.

Erst nachdem er diese Taten vollbracht hatte – nachdem der Sarg wieder geschlossen, der Zauberspruch unter dem Moos versteckt, die blasphemischen Zeichnungen zu Asche verbrannt waren –, konnte Josef wieder klar denken.

Wenn er nach Hause ging – oft stieg dann schon die Sonne auf –, wurde er von Schuldgefühlen gequält und befürchtete, den Verstand zu verlieren. Er fragte sich, wie weit er es mit seinen Aktivitäten noch treiben würde. Würde er eines Tages den Drang empfinden, ein Tier abzuschlachten, oder gar einen Mitmenschen zu töten? Würde er irgendwann unfähig oder nicht mehr bereit sein, eine Unterscheidung zwischen der Belästigung einer alten Leiche und der Erschaffung einer neuen zu treffen?

Josef fragte sich, warum ihm diese Gedanken nie kamen, wenn er gerade die Kadaverstücke in den Händen hielt und von seinen Lippen eine Anrufung tropfte. Welche Macht dämpfte sein Gewissen? Schließlich entwickelte er die Theorie, dass seine nächtlichen Aktivitäten dem Willen des Teufels entsprachen. Natürlich!

Es war alles so offensichtlich; er wurde von dem großen Unten beeinflusst. Der König hatte ihn nicht aufgegeben.

Er war noch immer bei Josef, wenn auch in subtileren Gestalten.

Monatelang wurde Josef von dieser Theorie getragen. Er bildete sich gern einen höllischen Geist ein, der in seinem Schädel versteckt war. Manchmal stellte er sich diesen satanischen Hochsitz als großen Thron aus schwarzem Felsen vor, zu anderen Zeiten war es nur ein Raster aus Knochen, zusammengehalten durch die Ranken des Zypressenweins. *Er* würde dortbleiben, still und königlich, bis er sich zum Handeln genötigt fühlte, und dann würde sich der Mann, der Josef Amsel war, aus der Wirklichkeit zurückziehen, wie eine Schnecke, die in ihr Haus kriecht, und dieser edleren Daseinsform den vollständigen Gebrauch seines Leibes erlauben.

Diese Tagträume machten das häusliche Leben erträglicher, zumindest für eine Weile. Indem er seine dualistische Natur akzeptierte, wurde es Josef möglich, stolz und glücklich durch die Welt zu schreiten, mit einem Lächeln auf dem Gesicht, Sünde im Herzen und einer frischen Zypressenwein-Blüte im Knopfloch seines Jacketts.

Als Josef eines Abends von der Arbeit nach Hause kam, erwartete ihn ein bemerkenswerter Anblick. Ein Teppich aus Zypressenwein lag auf den Stufen seines Hauses!

Er rannte die Treppe hoch, und als er taumelnd durch die Tür stürzte, starrte seine Frau ihn an, als ob sie nicht entscheiden könnte, ob er betrunken, zornig oder beides war.

„Ist *Er* hier?“, keuchte Josef.

„Wer?“, fragte Helma zurück.

Josef wischte sich den Schweiß von der Oberlippe und drehte den Kopf, bis er durch die noch offenstehende Tür hinter sich blicken konnte. Der Wind forderte die Blumen zu einem schwindelerregenden Tanz auf.

„Ich hatte geglaubt ... jemand sei gekommen ...“

„Dein Abendessen ist fertig, Josef. Komm‘ und setz dich.“

4

Während die Monate vergingen, quälten Josef die andauernd erscheinenden Blumen und die ewige Abwesenheit ihres Bringers immer stärker. Seine ohnehin schon schwache Hoffnung, dem Gehörnten wieder zu begegnen, wurde noch schwächer, und obwohl er weiterhin seine nächtlichen Spaziergänge unternahm, verloren der Friedhof und die Knochen darin, die knotigen Holzfiguren und die satanischen Verse ihre Bedeutung und Anziehungskraft.

Daraus schloss Josef, dass das Problem des wahren Glaubens darin bestand, dass er eines andauernden Ausdrucks bedurfte. Als daher der allzu menschliche Impuls des Nachlassens und Entspannens bei ihm einsetzte, war das hässliche Licht der Logik nur allzu erpicht darauf, seinen schattenhaften Glauben wegzubrennen. Seine Praktiken erschienen ihm krank; sie schadeten nicht nur ihm selbst, sondern auch Helma.

Und so gab Josef seinen Glauben auf. Als ob er jene Macht verspotten wollte, die ihn im Stich gelassen hatte (und vielleicht zur Wiedergutmachung der Blasphemien, die er begangen hatte), stürzte sich Josef darauf, ein noch besserer Nachbar, aufmerksamerer Ehemann und frommerer Kirchgänger zu werden.

Er war angenehm überrascht, wie schnell ein Mensch einer teilweisen Amnesie erliegen kann. In Windeseile gelang es ihm, sich von den Erinnerungen an jene nächtlichen Eskapaden zu befreien, bis sie kaum greifbarer waren als ein Grimm'sches Märchen, und so sollte es nach Josefs Willen auch bleiben.

Eine seiner guten Taten als gereinigter, geläuterter Mann bestand darin, Helma zum Johannistag mit einem verlängerten Wochenende auf dem Land zu überraschen. Sie verbrachten die Tage bei gemeinsamen Spaziergängen; sie lasen und schwammen in dem großen See.

Und dabei sah Josef die Blumen ein letztes Mal.

Es geschah ziemlich weit entfernt von dem kleinen Pier, auf dem sich Helma sonnte. Die Blumen trieben auf den tiefgrünen Wellen. Josef war sich nicht sicher, aber für ihn sah es so aus, als ob sie sich in einem kreisförmigen Muster gegenseitig festhielten. Er schwamm darauf zu, spähte immer wieder in die Wassertiefe und erwartete beinahe, ein gesichtsloses Haupt zu ihm aufschauen zu sehen.

Josef schwamm vorsichtig, denn auch wenn er die Blumen schnell erreichen wollte, wagte er es nicht, das Wasser zu sehr in Aufruhr zu bringen, weil er befürchtete, den Kreis zu brechen und die Blumen der Strömung preiszugeben.

Er hatte den Kreis schon fast erreicht, als ihn eine plötzliche, lähmende Erschöpfung überkam. Erst als er sich umdrehte und seine Frau als kleinen Fleck in der Ferne wahrnahm, bemerkte er, wie weit er hinausgeschwommen war. Sie lag nicht mehr auf dem Pier, sondern war aufgestanden und schaute hinüber zu ihm, wobei sie sich die Augen mit der Hand beschirmte. Und sie war nicht mehr allein. Etwas Großes, nur undeutlich Wahrnehmbares starrte aus dem Wäldchen in der Nähe heraus.

Josef brüllte Helmas Namen und flehte sie um Hilfe an, denn nun war es seinem ausgelaugten Körper nicht länger möglich, sich über Wasser zu halten. Während er zum nassen Tod hinunter sank, dachte Josef unablässig: „Das ist nicht gerecht ... Ich habe dich gerettet, Helma ... *rette mich* ...“

Helma grinste, zitterte vor Vergnügen und wartete ungeduldig darauf, dass die Wellen Josef ans Ufer trugen.

Sein Leichnam wurde an den Sand neben dem Pier gespült, wo die verlassenen Ruderboote in der Abenddämmerung gegeneinander klapperten wie ein trauriges hölzernes Windspiel. Helma lief zu ihm und holte die Blumen, die an Josefs durchnässtem Kadaver klebten. Sie schälte sie von der Wasserleiche, was jedes Mal ein schmatzendes Geräusch verursachte.

Das leise Rascheln von Blättern war zu hören. Helma hob den Blick und sah, wie *Er* zu ihr zurückkam.

Sie kniete nieder und hielt die tropfnassen Zypressenwein-Blüten als Opfergabe vor sich, die der Gehörnte sofort annahm und zu einem festen Kreis flocht. Helma weinte, als sie spürte, wie ihr diese Krone auf das Haupt gesetzt wurde.

Nach den vielen ermüdenden Jahren, seit sie zwischen den Ruinen des ausgebombten Hauses mit einem Anblick *Seiner* Person gesegnet worden war, nach so vielen vergeblichen Versuchen, ihn zurück zu locken, indem sie an den unheimlichen Plätzen des Ortes den Zypressenwein ausgelegt hatte, trieb ihr unsterblicher Glaube endlich Früchte.

Im Gegensatz zu ihrem Mann hatte Helma es nie aufgegeben, ihrer Hingabe Ausdruck zu verleihen. Und deshalb war sie nun endlich in der Lage, ihren Thron zu beanspruchen.

Die Kapelle im Ried

Die Götter sind Krankheiten geworden.

C. G. Jung

„Hebt sie auf, und ihr werdet den ganzen Tag lang Glück haben."

Als keine seiner Enkelinnen seinen Rat befolgte, nahm Colin Best es auf sich, sie selbst einzusammeln. Er stach mit dem dreizinkigen Ende seines Stocks herum, bis er glaubte, einen stabilen Untergrund gefunden zu haben. Dann beugte er sich vor und hob die beiden Münzen auf, die kurz zuvor auf seltsame Weise einen Strahl der Augustsonne eingefangen und einen Schimmer von sich gegeben hatten, der seinen Blick gereizt hatte.

„Eine für jede von euch", sagte er nachdenklich, während er sich wieder aufrichtete. Zuerst hatte Colin geglaubt, es seien Vierteldollarstücke, aber als er sie aus den verfilzten Quecken hervorgeholt hatte, bemerkte er, dass die Größe und Schwere der Münzen eher denen eines Silberdollars ähnelte. Er rieb den Dreck von einer der Münzen und hoffte, das eingeprägte Bildnis zu erkennen, aber er fand keine Spur des Profils Ihrer Majestät, auch keinen eingestanzten Text und keinerlei Zahlen. Die Oberflächen beider Münzen waren so glatt und austauschbar wie Kiesel am Strand. Colin streckte seine Hand mit den Schätzen dem umgestürzten Baumstamm entgegen, auf dem seine Enkelinnen saßen; beide hatten die Arme vor der Brust verschränkt.

„Ich will meine nicht tragen", sagte Toni.

„Hast du keine Taschen in deinem Kleid?", fragte er sie. Das Mädchen schüttelte den Kopf. Colin erwiderte die Geste, wollte damit aber seine Enttäuschung über den Mangel der jüngeren Generation an Voraussicht kundtun. Er zog an einem Reißverschluss seiner Funktionsweste und steckte die Münzen ein.

„Ist dir damit nicht zu warm, Opa?", fragte Sara und verzog ihr schelmisches Gesicht im Sonnenlicht.

„Ich bin nicht mehr so jung und rüstig wie du und deine Schwester", erklärte Colin mit einem Augenzwinkern. „Wir alten Leute müssen dem Blutkreislauf manchmal ein wenig nachhelfen."

„Das ist komisch", gab Sara zurück. „Ich bin hungrig."

„Es ist doch noch nicht einmal Mittag! Warum

spazieren wir nicht ein wenig weiter? Dann wird eure Mutter das Essen fertig haben, wenn wir nach Hause kommen."

Die Schwestern grollten und stießen sich von dem umgestürzten Baum ab.

„Sara, bist du noch unser Steuermann?"

„Jawohl!"

„Dann steuere unser Schiff voran, junge Dame!"

Die jüngere Schwester legte die Hand an ihr Kinn und gab ein dramatisches „Hmm" von sich, bevor sie entschied, weiter dem Hauptweg zu folgen.

Colin war nicht in der Lage, den ansteigenden Pfad so geschmeidig wie seine Enkelinnen zu meistern. Mehr als einmal musste er hinter ihnen herrufen und sie bitten, auf ihn zu warten, während er angestrengt weiterhumpelte und darum betete, dass sein Stock nicht unter ihm wegrutschte und er nicht über einen der halb versunkenen Steine stolperte.

Je tiefer sie in den Wald eindrangen, desto mehr zerhackten die Eichen und Eschen das Licht der Mittagssonne zu schwachen Lichttüpfeln. Die Zweige schafften es zwar, die Helligkeit abzuwehren, aber gegen die Hitze waren auch sie machtlos. Als Colin weiterstapfte, spürte er, wie sich sein Hemdkragen mit Schweiß vollsog. Vielleicht war es doch unklug gewesen, die Funktionsweste anzuziehen. Er öffnete sie und auch die obersten beiden Knöpfe seines Hemdes. Die Mädchen liefen nicht so weit vor ihm her, dass es ihn beunruhigte, sondern nur so weit, dass sie ihn damit neckten. Er holte sie an der nächsten Wegkreuzung ein, wo sie dankenswerterweise stehengeblieben waren.

„Wir wollen, dass du den nächsten Weg aussuchst!“, verkündete Sara. Colin betrachtete die Pfade, die von dem Hauptweg abzweigten; der eine führte nach Westen, der andere nach Osten. Er hob seinen Stock.

„Dieser hier wird zurück zum Anfang unseres Weges führen; wir sollten ihn nehmen. Ich rate euch, immer nach Osten zu gehen, wenn ihr im Zweifel seid.“

Toni fragte nach dem Grund dafür.

„Daher kommt das Licht“, antwortete ihr Großvater.

Diesmal überließen die Mädchen Colin die Führung, aber es war offensichtlich, dass sein immer langsamer werdender Schritt unangenehm für die Kinder war.

Während sie allmählich voranschritten, fügten die Zikaden ihren Gesang dem Trampeln der Füße und dem leisen Rauschen des Blattwerks hinzu, das vom feuchten Wind gezaust wurde. Dann erschienen die Mücken. Sie summten um Colins Ohren herum, als wollten sie ihn zuerst mit ihrem Schwirren und Sirren verärgern, bevor sie sich zum Schmaus auf seinem schweißglatten Hals niederließen. Er schlug nach ihnen, war aber nie schnell genug.

Als sein Stock gegen ein verborgenes Hindernis stieß, bog er sich, und Colin wäre beinahe gestürzt.

„Alles in Ordnung; es geht mir gut!“, rief er zurück in dem Wunsch, die besorgten Rufe seiner Enkelinnen zu ersticken. „Wir sollten weitergehen.“

Aber inzwischen schwelte Panik in seinem Bauch. Sie nagte schon an ihm, seit der Weg ihm immer fremder wurde und die seit langem vertrauten Orientierungspunkte mit ihm Verstecken zu spielen schienen. Colins Angst entzündete seine Knochen, wurde stärker und breitete sich aus, bis die Nerven wie trockenes Unkraut loderten. Er nahm die Brille ab und wischte sich Ströme des Schweißes von Nase und Stirn.

„Bist du sicher, dass es der richtige Weg ist, Opa?“

Colin stieß ein unglückliches Keuchen aus. Er blinzelte, als ob er das Gelände vertrauter machen konnte, indem er seine Wahrnehmung verzerrte.

„Nur noch ein wenig weiter“, log Colin. „M... mach dir keine Sorgen, Paula.“

„Paula ist meine *Mama*“, fuhr ihn das Mädchen an.

Colin fuhr mit der Hand durch die Luft, als ob er noch immer Mücken verscheuchte. „Sara, Sara. Ich wollte ‚Sara' sagen. Es ist alles in Ordnung. Ich bin diesen Weg schon tausendmal gegangen. Es ist der Weg zurück zur Straße. Dessen bin ich mir sicher."

Ob es an den Wolken lag, die sich vor die Sonne schoben, oder an etwas ganz anderem, dass die Schatten immer geschwollener und dichter wurden, vermochte Colin nicht recht zu sagen.

Die missliche Lage, in der er sich befand, verzerrte seine Gedanken. Seine steigende Verwirrung führte dazu, dass die kostbaren Erinnerungen an seine Paula in den Vordergrund traten. Er sah, wie sie diese Wege und Pfade entlang stapfte. Die Bilder fühlten sich an, als hätte er sie aus dem Leben einer anderen Person geborgt. Hatte er wirklich gesehen, wie seine Tochter durch diese Wälder gehüpft war? War *er* wirklich schon einmal hier gewesen?

An diesen Wald konnte sich Colin nicht erinnern.

Und er erinnerte sich nicht an eine Kapelle wie diese, die er plötzlich am Rande seines Blickfeldes wahrnahm. Er blieb stehen und betrachtete das Gebäude näher, das sich am tiefsten Punkt einer sumpfigen Lichtung erhob.

Es war gedrungen und wirkte beinahe wie ein Gnom. Colin hätte es für eine Waldhütte halten können, wenn es keinen Turm gehabt hätte (das Kreuz an der Spitze war jedoch abgebrochen). Eine kleine eiserne Glocke hing in dem Turm. Selbst aus der Entfernung erkannte Colin die Spinnweben, die die rostende Glocke umgaben und andeuteten, dass es lange her war, seit sie die Gläubigen zum Gebet gerufen hatte. Fünf gebogene Holzstufen führten von der gewölbten Tür hinunter zu den Rohrkolben und Riedgräsern, die sich wie ein Bart um ihr Fundament zogen. Die Mauern waren mit Schindeln verkleidet und schienen einmal braun-rot angemalt gewesen zu sein, aber das Wetter hatte die Farbe zu einem hellen Rosa ausgeblichen. Das Dach war mit billiger Teerpappe gedeckt, die an vielen Stellen aufgerissen war und sich kräuselte; sie winkte ihm zu wie schelmische Feuerzungen.

Colin fragte sich, wie lange er den Atem angehalten hatte, denn als er endlich ausatmete, entwich die Luft mit einem trockenen, nachklingenden Rasseln, das ihn beängstigte. Hier unten war es kühl. Es wehte keine Brise; die Luft erinnerte eher an einen eisigen Nebelhauch, als ob irgendwo in der Nähe ein Gletscher Frost ausstrahlte.

„Wir gehen nicht hinein“, sagte Colin zuerst zu sich selbst, und dann zu seinen Enkelinnen, die von seinen Worten schockiert und verwirrt zu sein schienen. „Nein, das werden wir nicht. Wir werden umkehren und den Weg zurückgehen.“

„*Was?*“, protestierte Toni. „Das wird ja ewig dauern!“

Aber Colin hatte schon zum Rückmarsch angesetzt. „Kommt schon, ihr Trantüten!“, rief er zurück und versuchte dabei nicht verängstigt, sondern fröhlich zu klingen. Seine Entschlossenheit, auf dem Rückweg die falschen Abbiegungen zu finden, die er genommen haben musste, machte ihn unempfindlich gegen die Hoffnungslosigkeit, mit der Toni und Sara hinter ihm rangen. Er war bei klarem Verstand und achtete auf alle Orientierungsmarken, an die er sich vom Hinweg erinnerte. In den ersten Minuten fühlte er sich, als ob sie echten Fortschritt machten. Die unvertraute Kapelle lag weit hinter ihnen, demnach musste der Zugang zu diesen Waldwegen logischerweise näher gekommen sein.

Seine Angst nahm aber wieder zu, als Colin vor sich eine weitere Wegkreuzung bemerkte. Die drei Möglichkeiten, die sich ihnen dort boten, wirkten wie eine mathematische Gleichung – wie etwas Mühsames und Düsteres und unmöglich zu Lösendes. Sara raunte ihm etwas zu. Vermutlich eine Bitte. Colin deutete nach links und spielte weiter den Führer der kleinen Gruppe.

„Das ist nicht der Rückweg!“, rief Toni.

„Pass auf, was du sagst, kleine Dame.“ Colins Tadel

war kraftlos. Er fragte sich, was aus der unerschütterlichen Gestalt geworden war, als die er sich so gerne sah – die Art von Mann, der es immer wieder schaffte, die kommende Generation auf die Härten des Lebens vorzubereiten und ihr gleichzeitig ein Gefühl des Staunens über die Welt einzugeben.

Der Wald wurde wieder zu einer verfilzten Masse, als sich der Pfad, den Colin so zuversichtlich als den richtigen angesehen hatte, plötzlich auf eine unmögliche Weise wand und sie im Kreis zu führen schien. Als er die rosafarbenen Schindeln und das sanft zitternde Ried sah, stammelte Colin: „Nein."

„O mein Gott! Da ist ja wieder dieser Sumpf. Ich habe doch gewusst, dass wir im Kreis gehen. Ich habe dir gesagt, es ist der falsche Weg!"

Irgendwie hatten sie die sumpfige Niederung einmal vollständig umrundet, denn nun standen sie hinter der Kapelle. Eine einfache Holztür bildete hier die einzige Unterbrechung in der Reihe alter Holzplanken. Diesmal waren sie dem Gebäude viel näher gekommen.

Colin fragte sich, ob er sein Zuhause je wiedersehen würde.

„Ich hab's: Ich hole Hilfe!", verkündete Toni. Bevor Colin darauf reagieren konnte, marschierte seine älteste

Enkelin bereits los. Er hörte, wie sie durch den Matsch stapfte, während er den Kopf drehte und rief: „Hallo! Ist hier jemand? Helft uns! Wir haben uns verirrt!"

Als einige Sperlinge von ihren Verstecken aufflogen, ergriff Colin ein Gefühl abstrakter Bedrohung.

„Warte!", rief er. „Toni, du sollst warten! Bleib' stehen!"

Er stolperte hinter ihr her und bemerkte zunächst nicht, dass er seinen Stock fallen gelassen hatte. Toni schien sich einem Pfad zu nähern, den sie noch nicht genommen hatten, und mied die Kapelle aus irgendeinem Grund, aber Colin, der ein unbegreifliches Grauen angesichts der Vorstellung empfand, seine Enkelin könnte diese Kirche doch noch betreten, wurde schneller und sprang auf sie zu.

Ihr Bizeps fühlte sich schrecklich zerbrechlich in seiner Faust an. Als er Tonis Miene sah, erkannte er, wie übertrieben ihr seine Reaktion erscheinen musste. Aber er glaubte fest, dass es vernünftig war, seine Enkelin von dem gnomenhaften Gebäude fernzuhalten.

„Geh' zurück zu dem Pfad", sagte Colin, „und behalte deine Schwester im Auge. Ich bezweifle, dass jemand in der Nähe ist, aber ich werde mich nach Hilfe umsehen, in Ordnung? Lass mich das machen."

Dass die Hintertür der Kirche unverriegelt war, begriff Colin erst, nachdem er sie bereits aufgezogen hatte und in einem Raum stand, der kaum größer als ein Wandschrank war. Seine wiederholten Versuche, die leichte Tür offenzuhalten, hätten ihn amüsiert, wenn er sich nicht so unwohl gefühlt hätte. In dem verzweifelten Versuch, so viel Tageslicht wie möglich einfallen zu lassen, hielt Colin die Tür mit der einen Hand auf, während er mit der anderen nach etwas suchte, das als Türstopper dienen konnte. Die unverputzten Wände hielten viel Kies in ihren Rillen und Ritzen versteckt.

Als Colins Hand auf einige Kleidungsstücke stieß, die an Haken hingen, schloss er daraus, dass er sich in der Sakristei befand. Aber die unförmigen Roben bestanden nicht aus Stoff. Sie fühlten sich fleischig an, wie Lederstücke, oder wie etwas, das Leder glich. Colin riss die Hand zurück.

Gegenüber der Tür stand ein kleines Bücherregal. Colin zog einen der Bände heraus. Er hoffte, man werde ihm dieses Sakrileg vergeben, während er sich daran machte, den kunstledernen Band zwischen Tür und Rahmen zu pressen.

Rasch ging er tiefer in die Sakristei hinein – nicht, weil er furchtlos gewesen wäre, sondern, weil er die kindliche Angst hegte, an einem verbotenen Ort zu sein und gerade ein Tabu zu brechen. Dieses Gefühl war so quälend, dass der alte Mann mit heftigen Bewegungen nach der gegenüberliegenden Wand der Sakristei tastete, bis er die Tür zum Innern des Gotteshauses gefunden hatte.

Das Kirchenschiff war so eng und verkümmert, dass der ganze Raum lächerlich und absurd wirkte. Colin trat durch die Tür und war dankbar für das Einströmen des Tageslichts durch die aufgestellte Hintertür, auch wenn es schrecklich schwach war. Auf beiden Seiten des Schiffs gab es keine Fenster, und auch nicht hinter der Kanzel, deren Umrisse in den Schatten am anderen Ende des Raumes kaum erkennbar waren.

Colin machte einen weiteren Schritt weg von der Sakristei. Der Boden unter seinen Stiefeln fühlte sich schwammig an. Die Feuchtigkeit des Sumpfes in der Senke hatte dazu geführt, dass sich die Bodendielen stark verzogen hatten und aufgeweicht waren. Colin hatte Angst davor, weiter zu gehen, denn er stellte sich vor, wie der verrottete Boden unter ihm riss und brach, wie Eis auf einem See im Frühling. Er blieb stehen.

Dass die Kapelle menschenleer war, hatte Colin schon erkannt, bevor er einen Blick in den moderigen, verwahrlosten Hauptraum geworfen hatte. Er war nur eingetreten, weil er Tonis Verlangen nach Hilfe nachkommen wollte, vielleicht aber auch, damit er wieder einen klaren Kopf bekam. Insgeheim hatte er sich gewünscht, dass jemand hier sei – ein Geistlicher, ein Küster oder sonst jemand, der seine kleine Gruppe zurück in die Sicherheit führen konnte.

Colin rief: „Hallo?“

Die Art, wie seine Stimme durch den stillen Raum donnerte, erschreckte ihn. Er kam sich wie der heißhungrige Riese aus dem Märchen vor, der „Fee! Fie! Foe! Fum! Ich rieche Menschenfleisch!“ brüllte, damit den Staub aufwirbelte und die Bewohner eines verschlafenen Dorfes verängstigte. Vor dieser nutzlosen Störung der Stille waren die einzigen Geräusche das Rauschen des Blutes in Colins Ohren und das sanfte, unrhythmische Tropfen des fauligen Wassers gewesen, das vom Saum seiner Hosenbeine herabtropfte.

Verlegen schaute Colin auf seine Füße und stellte fest, dass sich unter ihnen eine kleine Lache aus Sumpfwasser gebildet hatte. Die Flüssigkeit wusch den Staub vom Boden und machte diesen dunkler und deutlicher. Er bückte sich und unterzog den durchweichten Fleck einer genaueren Beobachtung.

Als Colin das freigespülte Bild deutlich sehen konnte, durchfuhr ihn eine Welle brennender Scham.

Er sah den nackten Unterleib einer Frau. Ihre wohlgeformten Beine waren weit gespreizt. Mit lackierten Fingernägeln hielt sie ihre Schamlippen weit auf.

Colin schämte sich. Was war er für ein Mann, wenn er glaubte, solche Visionen in einer Kirche zu sehen? In einer *Kirche*?

Ein plötzlicher Schlag von Holz gegen Holz führte dazu, dass Colin aufschrie. Die Bibel hatte ihn im Stich gelassen. Die Hintertür war zugefallen, und nun stand er in der hässlichen Dunkelheit. Seine Hände zitterten vor Schreck, was den Versuch, an seine Schlüsselkette zu gelangen, zu einem verzwickten Kampf machte. Aber schließlich gelang es Colin, die Kette von seinem Gürtel zu lösen und die LED-Lampe, die daran hing, einzuschalten.

Beverly hatte sie ihm zu Weihnachten geschenkt – es war ihr letztes Weihnachten gewesen.

Er seufzte, als der helle, bläuliche Lichtstrahl die Schwärze durchbohrte, die ihn vorhin beinahe erstickt hätte. Colins erster Impuls bestand darin, das Bild zu seinen Füßen besser zu beleuchten. Er vermutete, dass seine Phantasie, die offenbar schmutziger war, als er es glauben wollte, einen bloßen Wasserfleck zu etwas unmöglich Abscheulichem gemacht hatte.

Der Selbsthass, den Colin vorhin noch empfunden

hatte, schwand dahin, als der Lichtstrahl das Foto deutlicher hervorhob. Sein Gegenstand war unleugbar.

Noch schlimmer war die Entdeckung zweier weiterer schmutziger Bilder, die neben dem ersten lagen. Mit der Stiefelspitze stieß er sanft gegen die Fotos, aber sie bewegten sich nicht. Diese Blätter aus einem Pornomagazin schienen auf den Boden der Kapelle geklebt worden zu sein.

Und an die Wände.

Und auf alle Bänke, die wie eine Reihe halb gekippter Dominosteine zusammengeklappt gegen die Wand gelehnt standen.

Jede Bewegung von Colins Licht enthüllte Bilder von solch lüsterner, solch animalischer Hemmungslosigkeit, dass er beinahe spürte, wie seine göttliche Seele gleich einer Schnecke in einer Salzlake zusammenschrumpfte.

Überall waren Rundungen und Rötungen und Körper in Positionen, die beinahe insektenartig wirkten. Alle Bilder waren vor Feuchtigkeit gekräuselt und klebrig, aber Colin konnte noch immer Frauen mit Männern, Frauen mit Frauen und Männer mit Männern erkennen. Wahllos zwischen die Magazinseiten waren einige Polaroid-Fotos angeheftet. Vorsichtig ging Colin auf eine der Bänke zu, kniff die Augen zusammen und vergewisserte sich, dass der Mann auf einem der Fotos tatsächlich etwas trug, das aus zerschlissenem Leder zu bestehen schien.

Er fragte sich, ob die Satteldecke des Gebäudes auf die gleiche Weise besudelt worden war – eine Rotlichtvariante der sixtinischen Kapelle –, aber er machte sich nicht die Mühe, seine Vermutung zu bestätigen.

Sein Licht – und auch sein Herz – stockte kurz, als er eine Hand sah, die aus der hinteren Ecke nach ihm griff. Colin öffnete den Mund und wollte schreien, denn er war sich sicher, dass das, was nach ihm griff, ein Kadaver war.

Aber dann sah er die heilige Wunde in der Handfläche.

Offenbar war seine Phantasie so mit ekelhafter Lüsternheit vollgesogen, dass sie das Opferblut und den Nagel zu etwas Phallischem gemacht hatte.

Die Statue des Gekreuzigten war in eine Ecke gestellt worden, als sei sie eine unzeitgemäße Dekoration. Die seilartigen Arme und der rot ausblutende Torso waren grau von Staub, was der Haut ein fahles Aussehen verlieh. Das Lendentuch war zwar dreckig, schien aber aus echtem Leinen zu bestehen. Colin war dankbar dafür, dass wenigstens eine Gestalt an diesem Ort züchtig bekleidet war. Der Körper bestand aus geschnitztem Holz. Motten wurden von Colins Licht aufgescheucht und stiegen aus den Einkerbungen zwischen den Rippen der ausgemergelten Figur auf. Colin fuhr mit seinem Lichtfinger über die Brust nach oben und stellte fest, dass der Kopf der Statue fehlte.

Die Gestalt des Gekreuzigten war mit einem großen, scharfen Splitter bekrönt – der einzige Überrest eines Kopfes, der vermutlich eine Dornenkrone getragen und einen Ausdruck gequälter Duldung gezeigt hatte. Anscheinend war der Kopf in einem Akt schrecklicher Wut vom Körper abgeschlagen worden. Schmeißfliegen umsummten manisch den halben Hals aus schartigem Holz.

Das alles war zu viel: die Verwirrung, die fremdartige Kirche mit ihren mehrfachen Entweihungen. Colin taumelte rückwärts und wirbelte das Licht seiner Lampe umher, bis er eher zufällig die Tür zur Sakristei fand.

Er bewegte sich durch den winzigen muffigen Raum und sah endlich den Knauf der Hintertür, die aus der Kapelle herausführte. Er rammte die Schulter dagegen und torkelte hinaus auf die blendend helle Lichtung.

Durch die zahllosen Flusen und kleinen Punkte, die hinter seinen Augen dahintrieben und seinen Blick trübten, erkannte er doch die Gestalten von Toni und Sara, die gehorsam auf dem Fußpfad warteten.

Er stieg die hölzernen Stufen hinunter, stolperte und fiel mit dem Gesicht voran in den seichten Sumpf. Gefasst richtete sich Colin auf, stapfte aus dem Sumpf und rief seinen Enkelinnen zu, sie mögen ihm folgen. Er humpelte den Weg entlang und auf die Steigung zu.

Colin kämpfte sich den äußerst steilen Hang hinauf. Steine und Blätter und Unrat fielen herab, wann immer er mit seinen arthritischen Händen verzweifelt nach einem Halt griff und mit den schmerzenden, gummiartig gewordenen Beinen austrat. Wie ein unfähiger Bergsteiger bei seinem ersten größeren Hügel tat Colin alles, was er konnte. Er riss an den Pflanzen, krallte die Finger in den steinigen Schmutz und benutzte Baumwurzeln als Seile. Es zählte, nur nach oben und von hier weg zu kommen.

Etwas brannte in seinem Rücken, vermutlich die Strahlen der Mittagssonne, aber vielleicht, nur vielleicht, die Augen derjenigen, die die seltsame Kirche geschändet hatten. Colin spürte, wie sein Rückgrat zu Asche wurde.

„Kommt, Mädchen!“, schrie er, schaffte es aber nicht, einen Blick zurückzuwerfen und sich zu vergewissern, dass sie noch hinter ihm waren. „Weiter! Klettert!“

Die Straße kam in Sichtweite. Ihr Anblick war so voller Erleichterung und Hoffnung, dass Colin nicht zu blinzeln wagte, damit dieses Bild nicht zu einem Trugbild wurde und verschwand. Aber dann schlug er mit der flachen Hand auf den Asphalt und wusste, dass die Straße da war. Sie ist immer da gewesen. Natürlich. Die Welt veränderte sich nicht so grundlegend in so kurzer Zeit. Zumindest nicht seine Welt.

Zwei armselig aussehende Gestalten krochen hinter ihm den Hang hoch zum Waldrand. Als Colin ihre schmutzigen, tränennassen Gesichter, die blutigen Hände und die zerrissenen Kleider sah, fand er keine Worte. Schweigend schlurften sie erschöpft über die Anliegerstraße in Richtung Zuhause; nur das leise Jammern und Schniefen der Mädchen war zu hören. Sie weigerten sich, ihren Großvater anzusehen.

Selbst als er und die Mädchen die letzte Biegung der Kiesstraße hinter sich gebracht hatten und er endlich sein kleines Schindelhaus sah, bezweifelte Colin noch immer, dass er seine Gruppe wirklich heimgebracht hatte.

Paula stand am Ende der Auffahrt.

Wie auf ein Stichwort brachen die beiden Mädchen gleichzeitig in Schluchzen aus und schossen auf ihre Mutter zu, die sofort die Arme ausbreitete und sie auffing. Colin brauchte länger, bis er sein Grundstück erreicht hatte, und es blieb ihm gerade noch genug Kraft, sich auf die Stoßstange seines alten Buick zu setzen und ein feuchtes Taschentuch aus seiner Weste zu ziehen. Das Chrom unter ihm war heiß. Die Luft fühlte sich dünn an.

„Opa hat uns in die *Irre* geführt“, plapperte eines der Mädchen; Colin wusste nicht, um wen von den beiden es sich handelte.

„Jetzt ist alles wieder gut. Ihr seid zu Hause. Es ist nichts passiert. Warum geht ihr nicht schon mal nach drinnen und wascht euch das Gesicht? Euer Mittagessen steht noch auf dem Tisch, und im Kühlschrank steht Limonade. Schenkt euch zwei große Gläser ein, ja?“

Colin hörte das Öffnen und Schließen der Vordertür, bevor er das rhythmische Knirschen wahrnahm, als seine Tochter mit abgemessenen Schritten auf ihn zutrat.

„Heiß heute“, bemerkte er und wischte sich mit dem Taschentuch den Schweiß von Gesicht und Nacken. Paulas Schweigen war stärker mit negativer Energie geladen, als es Worte je hätten sein können. Colin gelang es, nicht den Kopf zu drehen und sie anzuschauen, aber dazu musste er seine ganze Willenskraft einsetzen.

„Was ist da draußen geschehen, Papa?“

Nachlässig steckte Colin das Taschentuch wieder in

seine Weste und murmelte einen Fluch, als der Reißverschluss seinen zitterigen Bewegungen nicht folgen wollte.

„Ich habe dir eine Frage gestellt."

Einen solch herrischen Ton in der Stimme seiner Tochter hatte Colin nicht mehr gehört, seit sie ein Teenager gewesen war, und obwohl sie jetzt eher mütterlich streng, als unverschämt klang, war er doch beleidigt. Ihm kam eine passende Antwort in den Sinn – passend jedenfalls für seine eigene Widerborstigkeit –, aber er verstand die Worte nicht, die er zu benutzen versuchte.

Was aus seinem Mund quoll, war kaum mehr als trillernder Lärm. Die richtige Erwiderung schien sich ihm zu entziehen, entschlüpfte seinem Verständnis wie Traumfetzen, die beim Erwachen aus dem Bewusstsein abfließen.

„Weißt du, dass ich kurz davorstand, die örtlichen Ranger auf die Suche nach euch dreien zu schicken?"

„Halte deine Zunge im Zaum, junge Dame." Das war Colin nun doch endlich gelungen. Sie lachte ihn aus. *Lachte.*

„Nein, Vater!" Nun schrie sie. „Diesmal nicht. Du wirst dieses Gespräch nicht wieder darauf bringen, dass du nicht respektiert wirst! Verstehst du, dass du meine Töchter heute in *Lebensgefahr* gebracht hast? Verstehst du das?“

Colin gestikulierte und wollte damit eine Aussage bekräftigen, die zu machen er nicht imstande war. Er schaute über die Straße zu Millie Fuersteins Haus. Die Gartenschere in ihren behandschuhten Händen verriet, dass sie noch vorhin die Rosensträucher beschnitten hatte, doch jetzt lauschte sie offenbar.

„K… kein Problem“, stammelte Colin laut. Er wusste nicht recht, ob er Paula oder Millie auf der anderen Straßenseite ansprach. „Es gab kein Problem. Der … Weg wurde etwas wirr, und ich hatte kurz die Orientierung verloren.“

„*Nein!*“, schrie Paula.

Colin sah, wie sich Millie Fuerstein umdrehte und in ihr Haus schlich.

„Ihr wart mehr als drei Stunden weg, Vater! Als ihr nach der ersten Stunde nicht zurückgekommen seid, habe ich nach euch gesucht. Ich bin den Hauptweg zweimal abgegangen und habe die ganze Zeit nach euch gerufen, also wart ihr nicht einmal in Hörweite! Wie weit hast du sie vom Weg weggeführt, Vater? Was wäre gewesen, wenn Sara gestürzt wäre und sich das Bein gebrochen hätte, oder wenn sie von einer Schlange gebissen worden wäre? Was hättest du dann getan, Vater? Jesus Christus, ich hatte dir doch gesagt, du sollst nur ein wenig mit ihnen über den Hauptweg gehen und dann zurückkommen."

Erst als Colin sah, wie Paulas Miene sanfter wurde, bemerkte er, dass er weinte. Sie hockte sich vor ihn und legte ihre Hand auf die seine.

„Wie lange geht das schon so?"

„Ich glaube, ich will mich hinlegen."

Sie schwieg eine Weile. „Also gut, Vater, wir gehen nach drinnen." Paula versuchte ihm aufzuhelfen. „Wo ist denn dein Spazierstock?"

„Irgendwo da draußen", murmelte er und deutete auf keinen bestimmten Ort. Colin spürte, wie Paula seinen Arm ergriff und um ihre Schulter legte. Sie ächzte, als sie ihn auf die Beine zu bringen versuchte. Zusammen stolperten sie die Auffahrt hoch und betraten das Haus. Die Mädchen saßen am Resopaltisch in der Küche und aßen wortlos wie eidgebundene Zelotinnen.

„He, alles in Ordnung", rief Colin, als er an der Küche vorbeigeführt wurde. „Alles ist gut, Mädchen."

Paula legte ihn auf sein Bett. Die alte Matratze umschmiegte ihn wie eine große Hängematte.

„Ich will, dass du für eine Weile hier liegenbleibst“, sagte Paula. „Ich bringe dir dein Mittagessen und du musst unbedingt die Limonade trinken.“

Er zog eine Grimasse. „Hat mir nie geschmeckt. Zu sauer.“

„Dann bringe ich dir Eiswasser. Und jetzt ruhst du dich aus.“

Sie ließ ihn allein in seiner stickigen Zelle zurück, während der Wecker endlos wie eine Zunge schnalzte. Überall waren die beschämenden Anzeichen seiner Nachlässigkeit zu sehen: die Spinnweben, die im oberen Bereich der Wände gediehen, die Staubhaufen vor den Fußleisten. Colin legte die Hände auf seinen knurrenden Magen und bemühte sich, seine Atmung zu kontrollieren, bis sein Brustkorb zu einem Blasebalg wurde, der die Luft beruhigend regelmäßig umwälzte. Colin hoffte, diese entspannende Übung noch lange weiterführen zu können, aber die Hitze wurde allmählich erstickend. Er bemerkte, dass er seine Funktionsweste noch nicht ausgezogen hatte, und der Ventilator, der in der Ecke stand, war nicht eingeschaltet.

Erst nachdem er sich widerstrebend aufgerichtet hatte und sich bemühte, seine Weste sowie das langärmelige Hemd darunter auszuziehen, bemerkte Colin die Veränderung im Zimmer.

Auf seinem Nachttischchen befanden sich stets nur drei Gegenstände: der Wecker mit dem folternden Ticken, die kleine Leselampe und seine Lieblingsfotographie von Beverly, die in einem besonderen Rahmen aus zurechtgeschnittenem Ried steckte, das durch Schellack zusammengehalten wurde.

Die Entdeckung, dass Beverlys Foto ausgetauscht worden war, verblüffte ihn zunächst, dann aber war er verärgert.

„Was ist los?“ Colin hatte Paulas Stimme nicht erwartet, aber er war so zornig, dass er nicht zusammenfuhr. „Was stimmt nicht, Vater?“

Er zeigte mit einem gekrümmten Finger auf den Rahmen und fragte: „Wer ist das?“ Als seine Frage langes Schweigen nach sich zog, vermutete Colin schließlich, dass Paula ihn nicht gehört hatte. „Wer hat die Fotos ausgetauscht?“

Als Colin schließlich zur Tür schaute, sah er, dass die Miene seiner Tochter Angst und eine Prise Kummer ausdrückte. In der einen Hand hielt sie einen Teller und in der anderen ein Wasserglas.

„Du weißt, wer das ist.“ Ihre Stimme klang dünn und dumpf. „Das ist Mutter.“

„Nein! Das ist sie nicht! Sieh nur!“ Er hielt Paula den Rahmen entgegen und schwenkte ihn, als ob er ein

Knochen wäre, mit dem er einen Hund locken wollte. „Sieh nur!“, wiederholte er.

„Das habe ich getan, Vater. Was siehst du in dem Bild?“

„Eine Fremde! Das ist es, was ich sehe: eine Fremde!“

„Das ist Mutter.“ Nun flüsterte sie beinahe. Sie trat in das Zimmer und reichte Colin das Glas Wasser ohne eine weitere Bemerkung. Colin trank dankbar und gierig.

Er bemerkte kaum, wie ihm das Bild aus den Händen genommen wurde. Paula stellte den Teller neben die Fotographie und half Colin dabei, Weste und Hemd auszuziehen. „Soll ich dir den Ventilator anstellen?“, fragte sie.

„Bitte.“

Sie schaltete ihn ein und ging. Colin atmete auf, als die künstliche Brise über ihn wehte. Er nahm den Teller an sich und biss in das Sandwich, das darauf lag. Der Geschmack explodierte in seinem Mund. Colin schloss die Augen und genoss das Gefühl der Richtigkeit, das langsam zu ihm zurückkehrte. Er hörte auf zu kauen und fragte sich, ob er wohl den Mut hatte, noch einen Blick auf das Bild zu werfen. Er tat es, wenn auch verstohlen. Als er die zarten, vertrauten Umrisse von Beverlys Gesicht sah, seufzte er. Sie war es.

Natürlich ist es Bev. Natürlich ist sie es. Und mein Name lautet Colin Edward Best. Und das hier ist mein Haus in Shelford, Ontario. Und ich esse Schwarzwälder Schinken auf Weizentoast …

Seine willkürliche stumme Erwähnung von Schwarzwälder Schinken brachte Colins Aufmerksamkeit zurück zu dem dichten und verwirrenden Wald, in dem er heute gewesen war. Und zu der Hitze. Und zu der unvertrauten Kirche mit jenen schlimmen Bildern darin …

Ihm wurde übel. Colin stellte den Teller beiseite und schloss erneut die Augen. Lange verharrte sein Geist in einem Zustand annähernder Entspannung. Er hörte jeden zwitschernden Sperling, jede verzerrte Stimme von den Höfen hinter seinem Fenster. Colin fragte sich, wie seine Nachbarn so selbstzufrieden sein konnten und warum sie keine Angst vor dem Bäumen hatten, die ihm so schlimm mitgespielt hatten.

Das Unlogische der ganzen Situation und die schiere Zufälligkeit daran, verursachten ihm ein Schwindelgefühl. Er holte tief Luft, hielt sie an, und als er sie endlich wieder ausstieß, stellte sich Colin vor, dass der Atem wie große Schwingen aus ihm schwebte, die seine Psyche in ruhigere Gefilde trugen.

Er sah sich selbst träge auf einer weiten Wiese liegen; sein Körper wurde vom sanften Schatten einer

Weide überwölbt. Wo Colin auch immer hinsah, wuchs das üppige und hohe Gras, das nie die zähmende Hand des Menschen gekannt hatte. Der Wind, der es durchfuhr, war kühl und frisch. Außer dem ewigen Rauschen der Weidenzweige war kein anderer Laut zu hören.

Nur allzu schnell wandelte sich der Traum, wurde dunkler und bitterer.

Verschwunden waren die sauber duftende Luft und die Atmosphäre des Friedens. Nun war da nur noch der stinkende Innenraum in einer Kapelle des Tabus. Colins Traumselbst sah sich um und war dankbar für die Schatten, die an den Mauern und Bänken geronnen waren und die pornographische Tapete verdeckten. Er wurde aber von roher Angst gepackt, als er erkannte, dass er nicht allein war.

Die gesichtslosen Leiber, die ihn umgaben, führten nun all jene Dinge aus, die er auf den knitterigen Magazinbildern gesehen hatte. Colin war völlig entsetzt. Er versuchte sich abzuwenden, doch eine der sich windenden Frauen mit schlüpfriger Haut war ihm vertraut. Beverlys Lächeln hätte er überall wiedererkannt.

Er wachte plötzlich und vollständig auf und wusste nicht nur nicht, wo er war, sondern *ob* er überhaupt war. Im Haus war es still, und einen eisigen Augenblick fühlte Colin sich völlig von der Außenwelt abgeschnitten.

Ein reflexartiges Grunzen entwich ihm, als er seinen Oberkörper von der Matratze abstieß. Die Luft in seinem Mund war sauer. Er trank einen Schluck Wasser, aber es spülte den Geschmack nicht weg. Er stand auf und schlurfte in das Wohnzimmer.

Er sah seine Enkelinnen durch das Kastenfenster. Die Entfernung dämpfte den Lärm der Mädchen, und ihr Bild wurde durch das schlierige Glas gefiltert (in diesem Augenblick erinnerte sich Colin daran, dass er eigentlich vor Paulas Besuch alle Fenster hatte putzen wollen), sodass sie wie Schauspielerinnen in einem Stummfilm wirkten. Colin bemerkte, wie er versuchte, ihre Lippen zu lesen und ihre Gesten zu interpretieren. Fast erwartete er, dass erklärende Untertitel in der Luft zwischen ihm und ihnen erschienen.

Paula bemerkte er erst, als er die Küche betrat, weil er sich einen Rye-and-Ginger mischen wollte. Sie stand auf dem Rasen des Vorgartens an der Straße und redete mit Millie Fuerstein. Was immer die alte Jungfer von gegenüber zu sagen hatte, sagte sie lang und breit und mit dramatischen Gesten.

Colin kauerte sich hinter die vergilbte Spitze der

Gardinen, die Beverly in dem Jahr genäht hatte, in dem sie dieses Haus gekauft hatten. Er starrte verständnislos auf Millie, als sie mit ihrer Gartenschere ausgerechnet auf sein Haus zeigte. Sie drückte sich eine behandschuhte Hand gegen die Brust, ungefähr dort, wo das Herz saß. Wollte sie Mitgefühl gegenüber Paula ausdrücken? Seine Tochter hatte dem Fenster den Rücken zugewandt, aber Colin sah, wie sie nickte, langsam nickte, immer wieder.

Er wich zurück in den Raum und mischte sich seinen Drink, wobei er sich fragte, warum die Flüssigkeit aus der Flasche so dick und gummiartig war. Seine Verwirrung stieg, als er das Etikett der Flasche las und erkannte, dass er statt seines Lieblingswhiskeys eine Flasche mit Pflanzenöl aus dem Schrank genommen hatte.

Weil er einer peinlichen Konfrontation mit Paula aus dem Weg gehen wollte, warf Colin sowohl die Ölflasche als auch das Trinkglas in den Abfalleimer.

Alle Zweifel, die er über den Gegenstand von Paulas und Millies Gespräch noch hätte haben können, zerstoben, als Paula das Haus betrat. Sie war angenehm überrascht, ihren Vater wach und in der Küche vorzufinden – zu angenehm überrascht.

Colin teilte ihr mit, dass er eine Weile fernsehen

wollte. Sie meinte, das klinge nach einer guten Idee. Die flackernden Bilder waren ein unzusammenhängendes Durcheinander, aber Colin ertrug es, bis Paula zum Abendessen rief. Die sämige Muschelsuppe, die sie gekocht hatte, war lecker, aber Colin musste feststellen, dass er noch immer keinen großen Appetit hatte. Es war ein unangenehmes Essen, bei dem alle vier Personen am Tisch versuchten, einander nicht anzusehen. Colin war dankbar, als Paula dem ein Ende bereitete, indem sie den Mädchen befahl, für die Abreise am nächsten Morgen zu packen.

Nachdem Sara und Toni die Küche verlassen hatten, sagte Paula: „Ich wünschte, ich könnte noch ein paar Tage hierbleiben, Vater, aber die Mädchen müssen am Dienstag wieder in die Schule gehen."

Colin hörte ihre Worte nur sehr leise und undeutlich, denn er starrte hingerissen auf das Muster des Tischtuchs, als hätte er einen kleinen epileptischen Anfall.

„Vater?"

„Hm?"

„Hast du mich verstanden? Ich habe gerade gesagt, dass ich heute Nachmittag mit Millie Fuerstein gesprochen habe."

„Oh, ja. Ja? Millie ... von der anderen Straßenseite."

„Richtig. Sie hat mir von dem erzählt, was letzten Monat hier passiert ist, Vater. Sie hat es mir gesagt."

„Letzten Montag?" murmelte er. Wieder spürte Colin, wie die Wörter durch seinen Kopf sprangen wie Lemminge, bevor sie sich von der Klippe seiner Erinnerungen stürzten. „Montag? Nichts ist am Montag passiert ... du warst doch hier ... du und die Mädchen ... sie haben bald wieder Schule ... du musst vermutlich abreisen ... Ich werde traurig sein, wenn du gehst."

„Wir werden auch traurig sein, Vater, aber davon rede ich nicht. Erinnerst du dich, was letzten Monat geschehen ist ... mit Millie?"

„... Millie ..." Er beobachtete, wie Paula langsam die Augen schloss. Ihre Wimpern wurden feucht.

„Sie hat gesagt, dass sie dich auf dem Wanderweg gesehen hat. Du bist ziellos umhergeirrt und hast nach Mutter gerufen. Erinnerst du dich daran, Vater?"

„Deine Mutter ist tot, Paula ... Rede ... rede nicht auf diese Weise über sie ... meine Beverly ist gestorben ... am fünften April ... es war ein Dienstag ... vor zwei Jahren ... an Lungenentzündung."

„Das stimmt, Vater. Ich weiß es, und du weißt es. Aber Millie glaubt, dass du das an jenem Tag vergessen hattest, weil sie dich in verwirrtem Zustand vorgefunden hatte. Sie sagt, du habest sie für Mutter gehalten."

„Nein!"

„Doch, das hast du. Du erinnerst dich vielleicht nicht daran, aber so war es. Millie sagt, du habest sie am Arm gepackt und wolltest sie auf den Sumpf zuziehen. Zum Glück war ihr Sohn bei ihr und hat dabei geholfen, dass du dich wieder beruhigt hast. Mein Gott, Vater, begreifst du, dass du sie beinahe zu Tode erschreckt hast?"

Colin erwiderte nichts.

„Millie hat gesagt, dass es dir wieder gut ging, sobald du zurück auf der Hauptstraße warst. Aber ihr Sohn musste dich vorher geradezu aus dem Wald zerren."

„Sie irrt sich ... Millie ... du weißt, dass sie alt ist."

„Warum hast du nach diesem Zwischenfall nicht zugelassen, dass sie mich anruft, Vater? Sie und ihr Sohn haben versucht, an meine Telefonnummer zu kommen, aber du wolltest sie ihnen nicht geben. Außerdem hast du dich geweigert, einen Arzt kommen zu lassen."

Colin spürte, wie sich seine Stirn kräuselte, und er war sicher, dass seine Miene Paula das Gefühl verschaffte, er denke tief über ihre Worte nach.

In Wirklichkeit aber war sein Geist wie eine saubere Tafel oder die Oberfläche eines stillen Sees.

Paula griff zu ihm herüber und nahm seine Hand.

„Ich glaube, es ist Zeit, dass wir uns überlegen, ob wir dich ... anderswo hinbringen, vielleicht näher an die Stadt heran, damit du mehr unter Leuten bist."

Colin war stolz auf sich, weil er es schaffte, sich von der widerwärtigen Antwort abzuhalten, die in ihm aufzuckte. Stattdessen zog er die Hand unter der seiner Tochter weg und nahm sich ein paar Sekunden Zeit, seine Worte zu wählen.

„Ich hoffe", sagte er schließlich, „ich hoffe wirklich, dass deine Kinder dich nicht so schnell wegpacken, wenn du alt geworden bist, Paula. Und du wirst alt werden, vertraue mir. Du wirst deine schlechten Tage haben, wenn du dich fühlst, als wärest du vom Rest der Welt getrennt. Wenn das geschieht, hoffe ich, dass deine Kinder ein wenig mehr Verständnis haben werden."

Er stand auf und verließ die Küche.

Vielleicht wollte er nicht sehen, welche Wirkung seine Worte hatten, vielleicht konnte er es nicht.

Draußen verging der Tag in einem stillen Feuerbrand, der das ganze Dorf in Zwielicht tauchte. Colin setzte sich in seinen Verandasessel und versuchte Trost aus den Fassaden und Orientierungspunkten zu schöpfen, die bis heute gegen jede Veränderung gefeit gewesen waren. Die Eiben und Ahorne standen wie mit Kohle gezeichnet vor dem Abendhimmel. Ein langsamer Wind belästigte die Zweige, bis sie sich neigten. Die Bäume, die so nahe beieinanderstanden, wirkten wie zottelige Ungeheuer, die miteinander einen stillen Pakt eingegangen waren.

Ungebeten tauchte ein Bild der Kapelle zur Nachtzeit in Colins Gedanken auf. Er stellte sie sich in Schatten aus tiefstem Blau gehüllt vor, und das Spitzdach und der Turm verbanden sich mit der erdwärts fallenden Dunkelheit des Gezweiges. Schwärme von Glühwürmchen verwandelten das sich biegende Ried zu geweihten Opferkerzen. Die übelriechende Luft brodelte vor dem Klang der Kröten und Grillen, die eine unterweltliche Hymne anstimmten.

Colin verspürte die perverse Neugier darauf, wie weit sein Geist ihn wohl hinab ziehen würde. Wie tief würden sich seine Gedanken in den verfilzten Dschungel seines Es bohren, bevor sich die Schutztore schlossen und ihn retteten? Stiegen die Schänder der Kirche, wer immer sie waren, in diesem Augenblick in einer Prozession die verfaulenden Stufen hinauf? Würden sie ihre Kleidung aus Tierhaut im Kirchenschiff ablegen?

Was wären wohl für Kreaturen, wie sie, die höchsten Sakramente?

Die Septembernacht fühlte sich ungewöhnlich kalt an. Colins Zittern reichte aus, die Vision zu tilgen. Er wollte Paula unbedingt von der Kapelle und von dem erzählen, was er dort gesehen hatte. Während des Abendessens, als die Spannungen ihren Höhepunkt erreicht hatten, hatte er mit dem Gedanken gespielt, seine Tochter dorthin zu führen und ihr den wahren Grund für seine Aufregung zu zeigen. Hatte er sich heute Morgen verirrt? Ja. Aber da war etwas in diesem Wald, etwas ... Unrichtiges. Etwas, das ihn beleidigte. Vielleicht, und nur vielleicht, hatte irgendeine angeborene Fähigkeit in Colin diese Unrichtigkeit wahrgenommen, sobald er die Waldwege betreten hatte, und es war dieses uranfängliche Unbehagen gewesen, das ihn dazu gebracht hatte, die Orientierung in einem Wald zu verlieren, in dessen Nähe er seit beinahe sechzig Jahren lebte.

Diese Theorie mochte tröstend sein, aber sie konnte ihn nicht von einer zutiefst verstörenden Tatsache ablenken. Irgendwie war es dem Wald die ganze Zeit hindurch gelungen, ein perverses Gebäude vor Colin und vermutlich auch vor allen anderen im Dorf zu verbergen. Auf der Lichtung dieser sumpfigen Senke hatte es nie eine Kapelle gegeben. Nie.

Obwohl der Mond kaum aufgegangen war, beschloss Colin, dass er jetzt wieder ins Haus gehen sollte. Als er an der geschlossenen Tür des kleinen Schlafzimmers vorbeikam, das seine Enkelinnen sich während ihres Besuchs bei ihm teilten, hörte Colin, wie sie sich drinnen mit ihrer Mutter unterhielten. Die Worte wurden zwar durch das Holz gedämpft, waren aber noch vernehmbar.

„... und dann hab' ich versucht, einen Wanderer zu finden, der uns helfen könnte, aber er hat mich aufgehalten und mir befohlen, an Ort und Stelle stehen zu bleiben. Dann ist er in den Sumpf marschiert, und das Wasser hat ihm bis zur Hüfte gestanden, und so ist er ungefähr fünf Minuten lang reglos stehengeblieben."

Colin war sich ziemlich sicher, dass es Tonis Stimme war. Er hörte sogar das Klatschen des Kaugummis, der immer dabei war, wenn sie ihre Lügen durch ihre Zähne presste.

„Dann ist er zwischen die Bäume gelaufen, und wir mussten ihm folgen."

„Hatte er etwas gesagt, während er im Wasser stand?" Das war Paula.

„Er hatte nur laut geatmet, so, als wäre er überrascht.“

Dass Sara sich der Intrige angeschlossen hatte, bedrückte Colin am meisten. Er schlurfte zu seinem Zimmer und entkleidete sich im Dunkeln.

* * *

Über Nacht schlich der Herbst in das Dorf. Der Morgen war hell, und die Brise trug die ersten deutlichen Vorzeichen der kommenden Jahreszeit herbei. Paula und die Mädchen schliefen noch, als Colin die Eier für ihr Frühstück rührte. Er wartete, bis Sara als Erste aus ihrem Zimmer kam, goss dann den Orangensaft ein und rief alle zu Tisch. Diese Mahlzeit war ein angenehmes Gegenstück zum steifen Essen am vergangenen Abend. Colin war erleichtert, als er seine Enkelinnen lachen hörte. Sogar Paula schien etwas weniger angespannt zu sein.

Nach dem Frühstück lud Paula ihr Gepäck in den Kombi, und die vier standen auf der Auffahrt, ohne viel zu sagen.

„Gute Reise“, meinte Colin schließlich. Die Mädchen nahmen im Wagen Platz. Paula befahl ihnen, die Sicherheitsgurte anzulegen, dann ging sie mit Colin ein paar Schritte zur Seite, bis sie außer Hörweite der Mädchen waren.

„Ich würde gern am nächsten Wochenende zurückkommen, Vater."

„Oh, das ist gut, sehr gut. Es wird schön sein, dich und die Mädchen wiederzusehen."

Paula schüttelte den Kopf. „Ich werde bei Stan nachfragen, ob er bereit ist, sein Wochenende mit den Mädchen zu verbringen, damit du und ich uns einmal richtig unterhalten können."

Colin wusste nichts darauf zu erwidern und stand nur reglos da, während seine Tochter ihm mitteilte, dass sie „diese Woche einige Anrufe tätigen" und „sehr bald" mit ihm darüber sprechen würde. Sie beugte sich zu einer flüchtigen Umarmung vor und fuhr davon, ohne ihn noch einmal anzusehen.

Colin stand auf seinem Rasen. Ein Umriss aus grellen Farben kroch an die Ränder seines Blickfelds. Er drehte den Kopf und sah, wie Millie vorgab, ihre Rosensträucher zu gießen. Er winkte ihr zu, aber Millie schien ihn nicht wahrzunehmen. Colin ging nach drinnen und warf sich in einen Armlehnsessel.

Gefühle rauschten so schnell durch ihn hindurch, dass er das eine kaum erkannt hatte, als ihn schon das nächste bestürmte. Er sorgte sich wegen Paulas bedrohlich wirkendem Versprechen, in ein paar Tagen zurückzukommen. Er sehnte sich nach der Zeit, als seine Frau stets seine Angst gelindert hatte. Aber hauptsächlich dachte Colin über die Kapelle und insbesondere darüber nach, warum wohl seine Enkelinnen beschlossen hatten, das Gebäude in ihren Erzählungen über den vergangenen Tag nicht zu erwähnen. Vielleicht hatten sie die Unrichtigkeit dieses Ortes gespürt und ihn aus ihren Erinnerungen verdrängen wollen. Wenn das der Fall war, dann wünschte sich Colin, die Mädchen würden ihm beibringen, wie er dasselbe tun könnte.

Colin hatte die Kapelle gesehen und sie sogar betreten. Welche Streiche ihm sein nachlassendes Hirn in den letzten Monaten auch gespielt haben mochte, die Kapelle war eine ganz andere Sache. Sie war etwas Greifbares, Fühlbares. Selbst wenn die verrückte Geschichte, die Millie Paula erzählt hatte, stimmen sollte, und selbst wenn er auf seinem Spaziergang mit den Mädchen ein paar falsche Abzweigungen genommen haben sollte, so war sich Colin doch dessen, was er in diesem Sumpftempel gesehen und gefühlt hatte, vollkommen sicher.

Aber er war sich auch vollkommen sicher gewesen, die Waldwege zu kennen und zu wissen, was in einen

Rye-and-Ginger gehörte. Alle Einzelheiten wurden mit jedem Tag flüchtiger und mühsamer. Und wenn Paula schon diese kleinen täglichen Belanglosigkeiten als beängstigend empfand, was würde sie dann tun, wenn er ihr von einer lüsternen und lasterhaften Kirche berichtete?

Er brauchte Beweise, selbst wenn sie nur seiner eigenen Beruhigung dienen sollten. Und er wusste genau, wie er diese Beweise erlangen konnte.

Die Polaroid-Kamera, die Bev ihm einmal zum Geburtstag geschenkt hatte, lag noch immer in dem Schrank, in dem er sie vor fast zwanzig Jahren untergebracht hatte. Er war angenehm überrascht, als er feststellte, dass auf einer Filmkassette noch einige Bilder übrig waren, aber er bezweifelte, dass der Apparat nach so langer Zeit der Nichtbenutzung noch funktionierte. Doch die bloße Möglichkeit reichte aus, dass Colin seine Weste anzog und in die Wanderstiefel schlüpfte.

Nachdem er eine Hüfttasche mit ausreichend Wasser und Nahrung gefüllt hatte, musste er feststellen, dass er noch nicht zum Wald aufbrechen wollte. Steif und starr stand er in der Mitte des Wohnzimmers, während die Wärme um ihn herum zunahm, und er fragte sich, ob er sich wirklich dazu antreiben konnte, den Wald so bald wieder aufzusuchen.

Aber Colin war schon immer ein Mann mit starker Entschlossenheit gewesen. Er wusste, dass er den Glauben verlieren würde, wenn er sich nicht dem Mysterium stellte, das ihn von seinem Weg abgebracht hatte. Und ging letztendlich los.

Er fühlte sich wie ein spitzbübisches Kind, als er an Millies Haus vorbei schlich und sich dabei von ihren Fenstern fernhielt. Als er einem jungen Paar begegnete, blitzte wieder Panik in Colin auf, aber sie verging, sobald er auf den Waldpfad trat und loswanderte.

Es fiel ihm schwer, ohne seinen vertrauten Stock zu gehen, aber er fühlte sich dafür entschädigt, als er entdeckte, dass der ursprüngliche Verlauf der Wege wiederhergestellt worden war. Sie führten stets zu den vertrauten Hainen und Lichtungen; rasch hatte er den Hauptweg wieder erreicht, nachdem er seine tägliche Route genommen hatte - dieselbe, die ihm gestern koboldhafte Streiche gespielt hatte.

Colin aß ein wenig von dem, was er mitgebracht hatte, und nahm einen tiefen Schluck aus seiner Feldflasche, bevor er beschloss, dass er den Weg noch einmal abgehen wolle. Diesmal aber würde er an manchen Abzweigungen einen anderen Pfad nehmen und alles tun, um sich zu verirren.

Er begab sich wieder zum Beginn der Waldpfade und änderte auf ihnen die Richtung, und jede Biegung bestärkte in ihm die Hoffnung, dahinter den kühlen Luftzug zu spüren, der von den obszönen Riedfingern ausging – doch immer wieder wurde er enttäuscht. Selbst als er mit geschlossenen Augen blind durch die Gegend stolperte, brachte ihn das nicht näher an den Sumpf oder die Kapelle heran.

Auch wenn Colins Versuche nicht zum Ziel geführt hatten, fand er sich wegen ihnen doch schließlich an dem Ende des Waldes wieder, das am weitesten von seinem Haus entfernt lag. Müde und erhitzt setzte er sich auf einen Baumstamm und zog seine fast leere Feldflasche hervor. Er hatte Angst. Er hatte nicht nur erfolglos nach der Kirche gesucht, auch seine Erinnerungen an jenen Ort wurden immer verschwommener und flüchtiger. War die Version seiner Enkelinnen über den gestrigen Tag vielleicht korrekt? Colin spürte, wie ihm beim Gedanken an diese Möglichkeit kalt wurde. Vielleicht hatten Paula und Millie und alle anderen - wer auch immer – recht mit ihren Theorien? Er hatte es bisher selbst nicht bemerkt, aber sein Geist ließ nach.

Er hatte sich fast ganz in diesem neuen Jammer versenkt, als er im Gebüsch ein schreckliches Gesicht bemerkte – ein Gesicht, das seine verzerrten Erinnerungen an die Kapelle im Ried unmittelbar und auf schockierende Weise bestätigte.

Die Gesichtszüge waren undeutlich zu erkennen, aber die Präsenz der Gestalt war nicht zu leugnen. Da die Augen ausgekratzt worden waren, starrten Colin nur zwei schwarze Höhlen an. Colin ließ seine Flasche fallen und ging über den steinigen Pfad näher auf das Ding zu. Die leeren Augenhöhlen waren das einzige, deutlich erkennbare Detail. Der Rest des Gesichts war wie eine Mumie von den Fäden eines Raupennestes umschlungen, die sich über die dünnen Zweige eines jungen Ahorns zogen. Colin stand nur wenige Fuß von diesem Raupennest entfernt und sah zu, wie deren Bewohner über die Wangenknochen des dunklen Gesichts krochen und sich in dem großen, aufklaffenden Mund niederließen. Er fragte sich unwillkürlich, ob die Gestalt sorgfältig in das Nest eingesetzt worden war, oder ob die Raupen sie hier vorgefunden und mit ihrem weißlichen Flor umwoben hatten. Vielleicht hatten sie es auf diese Weise als ihr Eigentum beansprucht.

Das Gesicht war dunkel und wirkte wie aus einem Ahnenbaum herausgeschnitzt. Dornen von der Krone auf dem Haupt durchstachen die weißlichen Fäden, und nun begriff Colin, was er da anstarrte.

Bevor er sich seiner Handlung bewusst wurde, hatte er bereits die Hände in die Öffnungen neben dem Nest gesteckt. Er befreite die Dornen aus dem Gewebe und machte sich behutsam daran, den Kopf herauszuziehen. Raupen drückten sich gegen Colins Finger. Versuchten sie um das zu kämpfen, was sie als ihren heiligen Gegenstand ansahen?

Er befreite das Haupt, ohne dem Nest einen größeren Schaden zuzufügen. Als er den Kopf festhielt, dessen eklige Schwere spürte und die scheußlichen Züge betrachtete, begannen Colins Finger zu zittern. Es war keine Miene frommen Leidens und Schmerzes, die sich ihm zeigte, es war ein Sinnbild von Hass und abgrundtiefer Bösartigkeit. Der Mund war eine geschnitzte Höhle. Die Lippen waren gebleckt und enthüllten dicke, missgestaltete Zähne. Tiefe Runzeln waren in die Stirn und um die leeren Augenhöhlen gegraben und deuteten Haut an, die sich über Knochen spannte. Ein Feuer schien das Schnitzwerk zu Kohle gemacht zu haben. Ein wenig von der Finsternis, befleckte Colins Hände. Beschämt schaute er über die Schulter; er entsetzte sich vor dem Gedanken, dass jemand ihn sehen könne, wie er ein so scheußliches Ding in seinen Händen wog. Er wollte es zurück in das Nest legen, hielt aber auf halbem Wege inne.

Der Reißverschluss seiner Westentasche war aufgezogen, noch bevor Colin begriff, dass er nach ihm gegriffen hatte. Er nahm die beiden Münzen heraus, die er gestern Morgen gefunden hatte. Etwas leitete seine Hand und wies ihn an, je eine silberne Scheibe in die leeren Augen des Heilands zu legen.

Als er den Preis für den Fährmann entrichtet hatte, legte Colin das Haupt vorsichtig zurück in das Nest und beobachtete, wie die Raupen sofort freudig darüber krochen.

Blankes Entsetzen durchfuhr ihn. Colin konnte nur noch denken: *Was habe ich getan?*

Der alte Mann lief los. Die Wege änderten nicht ihre Richtung oder Gestalt, und so erreichte Colin die Hauptstraße, ohne darüber nachzudenken. Fast wäre er von einem vorbeirasenden Lastwagen erfasst worden. Der Fahrer musste Colin im letzten Augenblick bemerkt haben und konnte gerade noch auf den Seitenstreifen ausweichen, wobei er eine große Staubwolke aufwirbelte. Der Fahrer hupte wild und schrie etwas Obszönes, als er weiterfuhr.

Der erschöpfte und schweißnasse Colin tat sein Bestes, den Rest des Weges so schnell wie möglich hinter sich zu bringen. Dabei bemerkte er kaum die bleiche

Frau, die sanft auf ihrer Veranda schaukelte, als er an ihrem Haus vorbeikam. Er rief etwas, damit sie aufhörte ihn anzusehen, dann rammte er seinen Schlüssel in die Haustür. Nach mehreren Versuchen konnte er endlich eintreten. Sofort verriegelte er die Tür hinter sich und zog hastig in allen Räumen die Jalousien vor den Fenstern herunter.

Im dunklen, uneinnehmbaren Haus hockte er sich nieder und zitterte.

Wie gestern Morgen schien sich alles mit schwindelerregender Schnelligkeit zu bewegen. Colin fragte sich, ob er je wieder seinen Mittelpunkt finden, und sich in der Welt verankert fühlen würde.

Es war ihm fast gelungen, sich zu beruhigen, als es an der Haustür klopfte; und er aufschrie. Er drängte sich gegen die Wand und war nicht einmal zu dem Gedanken fähig, die Tür zu öffnen. Die Stimme einer Frau rief: „Hallo?“ Obwohl die Worte durch das Holz gedämpft wurden, war sich Colin sicher, dass sie nun seinen Namen rief. Ein weiteres Klopfen. Colin hielt den Atem an. Dann hörte er ein leises Knirschen, als jemand über seine Auffahrt ging.

Eine Silhouette verdunkelte die Jalousie. Wieder wurde sein Name ausgesprochen. Colin schrie; er wusste nicht, ob das, was sich da auf seiner Kehle erhob, nur ein animalischer Reflex war, der den Angreifer verscheuchen sollte, oder ob er Worte herausgebrüllt hatte. Vielleicht versuchte er nur die schreckliche Stimme von draußen zu übertönen.

Als der Schatten zurückwich und die Laute verstummten, hätte Colin vor Erleichterung fast geweint. Es war erst später Nachmittag, aber er war von den Aktivitäten des Tages völlig erschöpft und beschloss, früh zu Bett zu gehen. Er entkleidete sich, kroch unter das Laken und ließ die Deckenlampe brennen, wie ein Kind, das krankhafte Angst vor der Dunkelheit hat.

Trotz der Angst, seine Träume könnten ihn zurück zu den Waldwegen oder, Gott möge ihm helfen, zu einem noch schlimmeren Ort führen, schlief Colin mit bemerkenswerter Leichtigkeit ein.

Er hätte gewiss tief und fest bis zum folgenden Morgengrauen geschlafen, wenn sich nicht eine Störung ereignet hätte, die ihn nicht nur aufweckte, sondern so entsetzte, dass er spürte, wie sich seine Eingeweide entleerten.

Die Störung hatte als eine Reihe von Geräuschen begonnen; wieder einmal schien jemand um sein Haus zu schleichen. Draußen war es dunkel, und unter dem hellen Licht der Deckenlampe fühlte sich Colin entblößt und verwundbar. Er war sicher, dass die Schänder der Kirche ihn aufgespürt hatten. Irgendwie hatten sie mitbekommen, dass er in ihren Tempel eingedrungen war und die schrecklichen Geheimnisse ihres Glaubens entdeckt hatte.

Colin schlüpfte zwischen den besudelten Laken hervor und bemühte sich, der offenen Zimmertür fernzubleiben. Aus dem vorderen Teil des Gebäudes drang ein verräterischer Laut.

Seine Haustür wurde geöffnet.

Er lief zum Schlafzimmerfenster. Es stand zwar offen, damit die kühlende Luft hereindringen konnte, aber er musste mit seinem nackten Körper das Fliegengitter durchbrechen. Mit einem dumpfen Geräusch landete er in Bevs brachliegendem Blumenbeet, und Schmerzen schossen ihm in Rücken und Kiefer. Er wand sich über den Rasen wie eine der Raupen über das abgeschlagene Haupt. Er richtete sich auf und lief blindlings los.

Ein Auto parkte in seiner Auffahrt; eine verschwommene Gestalt auf seinem eigenen Rasen peitschte an Colins Blickfeld vorbei, während er lief. Hinter sich hörte er eine Frau schreien. Er rannte über die Straße. Voller Panik, beschmutzt und völlig unbekleidet, hastete Colin weiter. Wenn er es bis hinter die Hauptbiegung der Straße schaffen würde, sodass er außer Sichtweite wäre, würde er sich für ein paar Augenblicke verstecken und seine Gedanken sammeln können.

Doch andauernd wurde sein Name gerufen, und das Entsetzen darüber bewirkte, dass Colin noch schneller lief.

Sie waren hinter ihm her.

Jetzt befand er sich wieder im Wald. Hier war es noch dunkler, aber wenigstens verdeckte die Finsternis seinen beschämenden Zustand. Er wagte es nicht anzuhalten – nicht, solange er von der Straße aus noch gesehen werden konnte. Die Erde fühlte sich unter seinen nackten Sohlen feucht und kühl an. Die Luft war eiskalt und stach in seiner Lunge.

Schließlich zog sich ihm die Kehle zusammen, und seine Lunge brannte. Colin brach in einem taufeuchten Gebüsch zusammen. Er hörte, wie die Grillen und die Kröten die Nacht besangen.

Wieder rief eine Frau seinen Namen, und Colin mühte sich auf die Beine. Er drehte auf dem Absatz um und fiel erneut hin.

Da war die Kapelle.

Sie musste über Nacht aus dem Boden gewachsen sein, wie ein unheimlicher Pilz. Es war genauso wie beim ersten Mal, mit einem Unterschied: Nun standen die Flügel der Vordertür einladend weit offen.

Eine Flut von Gedanken überspülte Colin. Er fragte sich, ob das eine Falle war oder eine Lockung. Er überlegte noch, ob er es wagen sollte, die Kirche zu betreten, als sich eine Gestalt in sein Blickfeld schob.

Verführerisch schlenderte sie aus dem verdunkelten Inneren der Kirche, bis ihre Gestalt im Mondlicht schwach zu erkennen war. Sie blieb im Türbogen stehen, streckte die seilartigen Arme aus und packte beide Seiten des Rahmens. Sie behielt ihre Pose der Kreuzigung bei – wie das Modell eines Künstlers, das den aufmerksamen Blick seines Meisters willkommen hieß.

Der Torso war genauso grau und fest, wie er gewesen war, als er noch am Kreuz gehangen hatte, aber einige neue Aspekte sprangen Colin an und verursachten ihm ein starkes Gefühl des Schwindels.

Zunächst hatte sich das Geschlecht des Messias verändert, oder Colin hatte bisher nicht bemerkt, dass das Schnitzwerk volle Brüste besaß. Das schmutzige Lendentuch war abgerissen wurden, und nun war die einst züchtig verborgene Spalte entblößt. Enthüllt waren auch die schuppenförmigen Flecken der Schwangerschaftsstreifen und die überreich vorhandenen Altersrunzeln.

Erst nachdem er diese Einzelheiten wahrgenommen hatte, fuhr Colins Blick zögerlich höher. Wenn er sehen musste, wie sich diese Gestalt ohne Kopf bewegte, wäre das zu viel für ihn. Er war sicher, dass der Anblick einer solchen Abscheulichkeit ihn gebrochen hätte. Aber das Haupt war wieder aufgesetzt worden. Hatte Colin Anteil an diesem Wunder, an dieser unheimlichen Auferstehung? Hatte er vielleicht unbewusst eine wesentliche Rolle in einem ihm völlig unbekannten und verborgenen Ritus gespielt, indem er die Münzen auf das Haupt gelegt hatte, damit es den Styx hinuntertreiben konnte?

Das Antlitz war mit dem schmutzigen Leinen bedeckt, das vormals als Lendentuch gedient hatte. Der Stoff war immer wieder um das Haupt gewickelt worden, so elegant wie bei einer Mumie und so fest wie bei einem Patienten mit einer schweren Kopfverletzung. Die Augen hingegen waren freigelassen worden und deutlich zu sehen; sie waren von einem strahlenden, elektrischen Blau, das fast den ganzen Wald erhellte. Mund und Nase wiederum waren bedeckt. Als die Gestalt einen weiteren Schritt tat, sah Colin, dass der Stoff, der über den Mund gespannt war, sich hob und senkte wie ein winziges Herz, wenn die Kreatur ein- und ausatmete.

Bald war sie ihm so nahegekommen, dass er sie hätte berühren können, aber Colin wagte es nicht. Er erkannte die Leberflecken und Warzen, die das blasse Fleisch dunkelten, wie Kleckser aus Matsch. Ja, die verschrumpelte Holzhaut war ihm tatschlich vertraut. Das Paar stand einfach nur da, so unschuldig wie die ersten Menschen, die staunend ihren Garten betrachteten.

Aber Colins Eva trennte sich rasch von ihm. Sie lief los, geschmeidig und leise, wie ein aufgescheuchtes Reh. Er lief hinter ihr her.

Colin rief nach der Frau, rief sie mit Bevs Namen und scherte sich nicht mehr um seine Verfolger. Anmutig und lautlos glitt sie durch den sternbeglänzten Sumpf. Sie war der Gegensatz zu seinem unbeholfenen Herumplatschen.

Plötzlich blieb sie stehen, drehte sich um und sah ihn an. Sie streckte die Arme, und Colin tat es ihr gleich. Er spürte, wie ihn allein die Möglichkeit ihrer Berührung erregte.

Mit ihren stigmatisierten Händen riss sich die Gestalt das Lendentuch vom Haupt. Die Maske zerfaserte und sank in den Sumpf.

Wenigstens konnte er nun sehen, hinter was er hergejagt war.

Entsetzt wich er zurück.

Der Wald rief seinen Namen.

Eine andere ferne Stimme schrie: „*Vater?!*“

Er antwortete, indem er aufkreischte und schneller lief, als er es je für möglich gehalten hätte. Wildlings donnerte er voran, ein Tier ohne Zügel, ein Wesen ohne Grenzen. Aber wie schnell er sich auch bewegte, so hatte er doch den Eindruck, dass sich die Welt noch schneller drehte.

Form und Struktur und Bedeutung wurden in kleine Stücke gefetzt und überall verstreut, so gewaltig war die neue Schnelligkeit der Welt. Er hörte noch das Stapfen von Füßen dicht hinter ihm und den fernen Klang seines Namens, der zwischen den Bäumen hallte. Er war verloren in der Nacht, die sich anschickte, ihn zu verschlingen, verloren in der Nacht im Innern seines Kopfes.

Doch trotz aller sengenden Panik spürte er auch eine milde Brise der Sorglosigkeit und Freiheit. Er war losgelöst von allen Kleinigkeiten, an die er sich in der Hoffnung geklammert hatte, auf diese Weise seinen Platz in der Welt zu behaupten. All das war verloren, war genauso verloren wie er selbst.

Er lief weiter.

Seine eigene Sicherheit kümmerte ihn nicht mehr,

denn Colin wusste, dass er sich zuerst selber finden musste, bevor einer seiner Jäger ihn finden konnte.

„Ich bin erstarrt,
Einsam in jede Teufelslust vernarrt.
Stoß durch den Völlergast das Schwert,
Du, der alles erzeugt und alles verzehrt;
Du sollst mir des Offenen Auges Zeichen
Und den prallen Dornenschenkel reichen,
Und das Rätselwort des Wahnsinns ohnegleichen,
O Pan! Io Pan!“

Hymne an Pan – Aleister Crowley

Über den Autor

Richard Gavin erforscht das Gebiet, auf dem sich das Grauen und das Heilige berühren.

Bisher hat er sechs Bücher mit albtraumhaften Fiktionen und einige Bände über esoterische Themen geschrieben.

Er lebt in Ontario, Kanada. Online ist er zu finden unter: www.Richardgavin.net